女の年齢は髪で決まる

ヘアライター
佐《さ》藤《と》友《ゆ》美《み》
ヘアスタイリスト
八木花子（MINX）

はじめに

佐藤友美《さとゆみ》

ライターのさとゆみ（佐藤友美）です。私は長年ファッション誌のライターをしてきました。そこで驚いたのが、「ヘアスタイルの力」です。

同じモデルさんなのに、髪型ひとつでカッコよくなったり、色っぽくなったりする。顔周りの毛を少しいじるだけで、太って見えたり、痩せて見えたりする。分け目のとり方を変えるだけで、老けて見えたり、若く見えたりする。ライターになりたてのとき、「これ、ほとんどマジックだな」と思ったのを覚えています。

そのマジックに魅了された私は、ファッションでもメイクでもなく、髪型について専門に書くライターになりました。それは、「あらゆるパーツの中で、髪ほど女性を変化させるパーツはない」を実感したからです。

これはプロのモデルさんだけの話ではありません。
私はこれまで、一般の女性の方々の撮影現場に数多く立ち合ってきました。とくに好きだったのが、40代以上の大人の女性の撮影です。「フリーランスになったので、プロフィール写真が必要になった」という方や、「納得のいく遺影を撮影したい」という方など、多くの女性たちの撮影を担当してきました。

撮影に来てくれた方たちは、皆さん口を揃えて「自分でもびっくりするくらい、きれいになれた！」と喜んでくれます。それはなぜかというと、私の撮影現場では、〝とにかく髪にこだわる〟からです。髪の見え方が変われば、だれでも過去最高レベルに美しくなります。それくらい、髪の威力は大きいのです。

帰り際「このまま帰るのはもったいないから、夫を呼び出してデートす

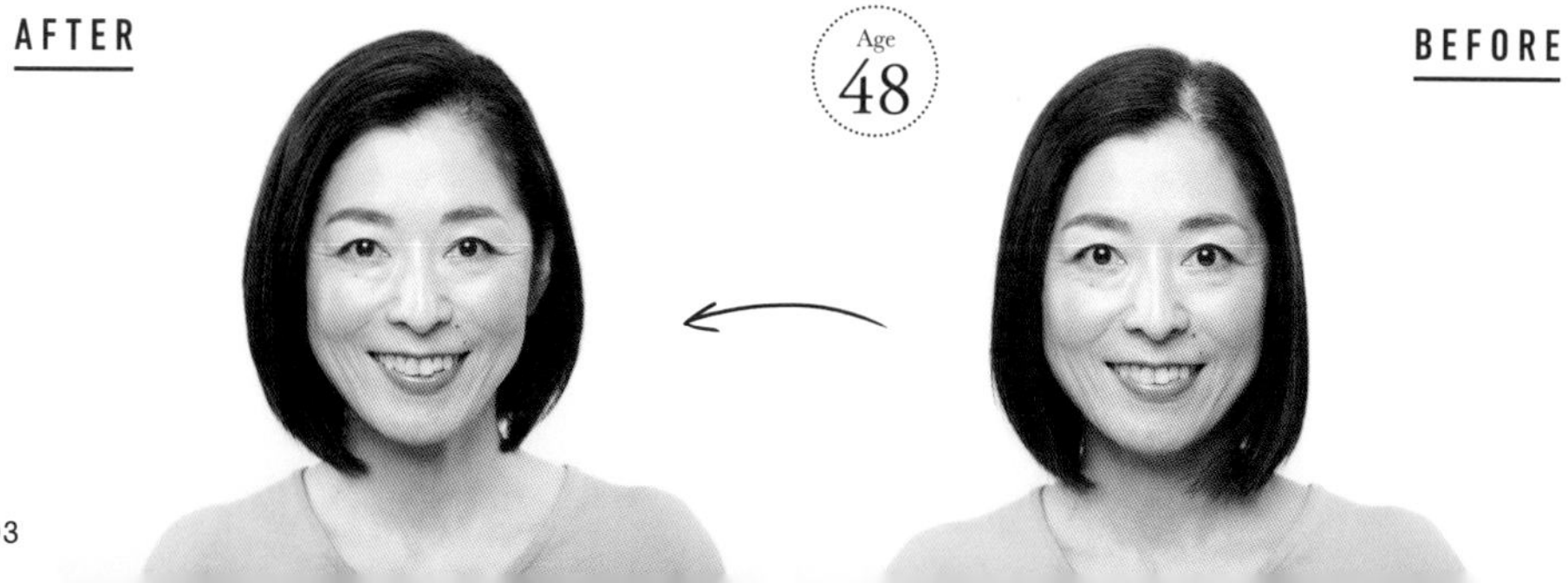

る」とか、「娘に見てもらいたい」と言ってくださると、とても幸せな気持ちになりました。もっと多くの人に、「ちょっとした髪のテクニック」を知って、喜んでもらいたいと思うようになりました。

私は、「女性の美しさを１００点満点で考えると、その内訳は〝顔50点＋髪50点〟」だと思っています。

ずいぶん髪の配点が高いと思ったでしょうか？　でもこれは、日本以外の海外、とくに欧米社会ではスタンダードな考え方です。欧米の女性たちは、肌以上に髪に時間もお金もかけます。

でも、日本ではまだ、そこまで髪の重要性が意識されていません。だからこそ、髪がきれいにキマっている人は、美しさが際立ちます。

髪を整えるだけで50点とれるのです。しかも、それは、お金がかかることではありません。

・ちょっと髪の乾かし方を変えたり
・トリートメントのつけ方を変えたり
・ブラシを通す方向を変えるだけでも

髪は見違えるように変わります（もちろん、お金をかけた投資をすれば、さらに見違えます）。

この「顔で50点、髪で50点」の法則。重要なのは、年齢を重ねれば重ねるほど、髪の配点が高くなるということ。

40代に突入したら、女性のきれいは「顔で40点、髪で60点」。これが、

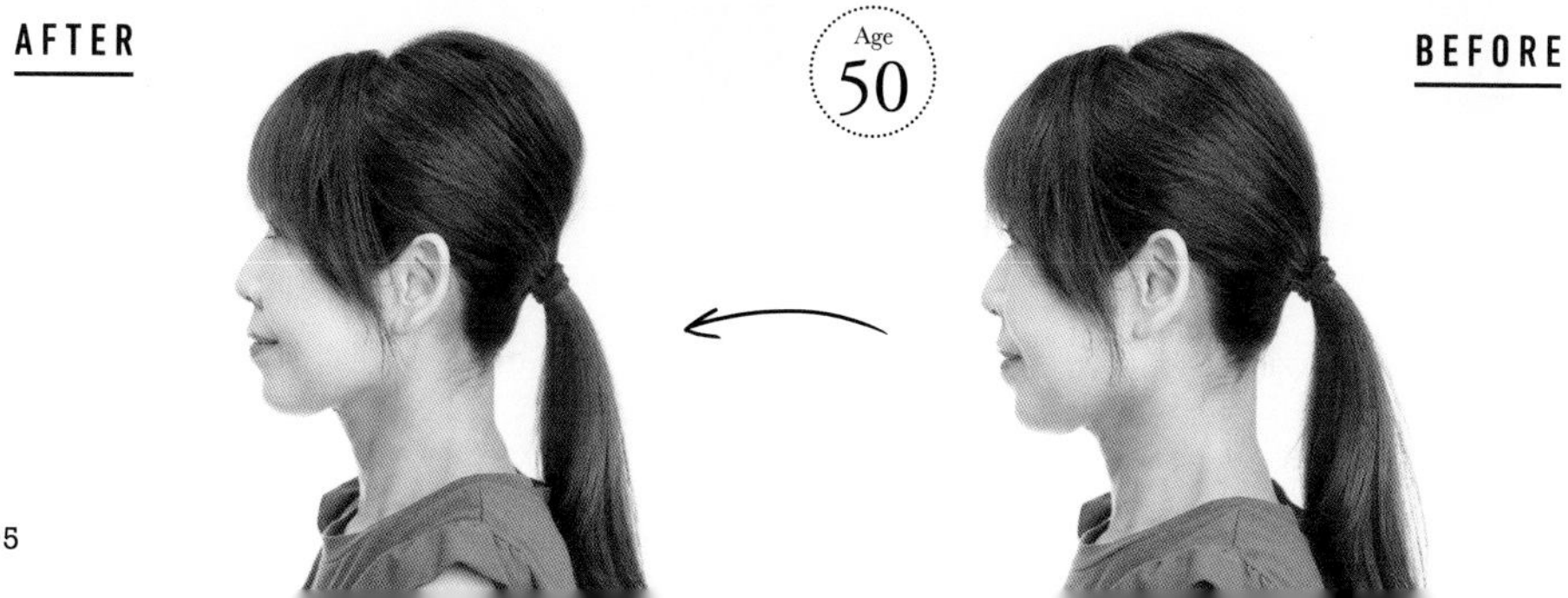

長年大人の女性の撮影に立ち合ってきた私の実感です。
とくに、40代以降の見た目年齢は、髪で決まると言っても過言ではありません。

・分け目をぼかしているか
・地肌が見えていないか
・アホ毛が出ていないか
・後頭部を盛れているか
・結ぶ位置を間違っていないか…

そんなことを意識するだけで一気に若々しく健康的に見えます。

この本では、ほんの少しのテクニックで、何歳も若見えする髪の法則を集めました。

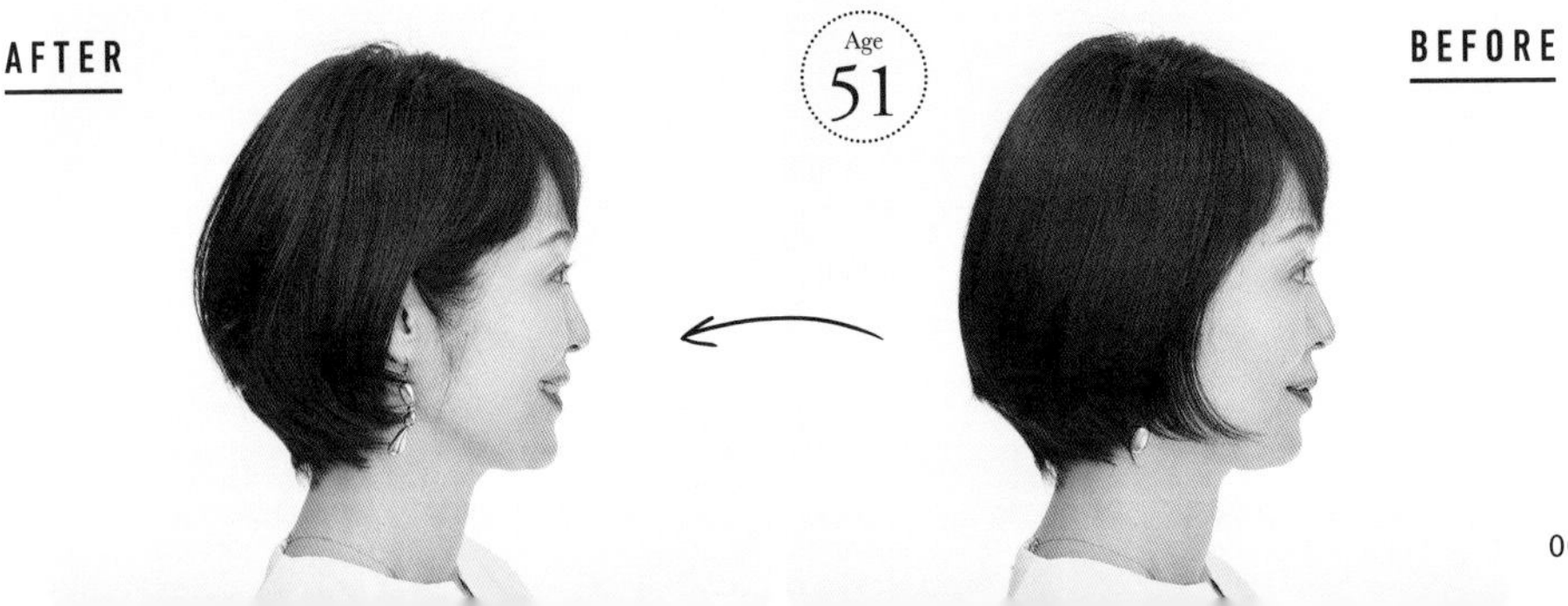

私、ヘアライターのさとゆみと、人気ヘアサロンMINXのトップ美容師である八木ちゃんの2人で、読者やお客さまからよく聞かれる質問に答えつつ、若見えする髪の扱い方をお伝えしていきます。

第1章では、まずこれだけやっておけば良いという、大鉄則をお伝えします。
第2章では、お金をかけずにきれいに若見えするテクニックを
第3章では、少し投資することで、一気に髪が見違える方法を
第4章では、大人だからこそ、少しの違いで差が出るアレンジのコツを
第5章では、多くの方から聞かれる髪の疑問について
お話しします。

皆さまのお役に立てたら、うれしいです。

目次

はじめに……002

1章
大人の女性が一瞬できれいになるために知っておくべき4＋1の法則

鉄則0 見られているのは正面の顔ではなく髪……014
鉄則1 四十を過ぎたら分け目はいらない……018
鉄則2 大人の年齢は後頭部で決まる……028
鉄則3 アホ毛と老け毛を根絶やす……040
鉄則4 前髪はあなたの人格になる……054
COLUMN 一生使えるシャンプーの基本……064

2章
お金をかけなくても知っているだけで5歳若返るコツ

残念ひとつ結びとオシャレひとつ結びの分かれ道……066
大人のショートヘアほど差がつく髪型はない……072
トリートメント不時着の悲劇を避けよ……074
どんなに毛先を伸ばしてもクセは伸びない……076
似合う髪型と好きな髪型は違う……078

耳かけを制するものがヘアを制する …… 080
くるりんぱだけできれば上等 …… 082
白髪染めラスト1週間を乗りきるワザ …… 084
若さ重視？ 落ち着き重視？ 結ぶ位置で印象激変 …… 086
美容院は「人の紹介」で行く …… 088
女は夏に2歳老ける …… 090
ドライヤーの冷風は扇風機代わりではない …… 092
COLUMN 一生使える髪の乾かし方の基本 …… 094

3章

お金を投資してでもやってほしい老けて見えないコツ

白髪は隠さずにぼかすべき …… 096
まず買うべきはストレートアイロン …… 098
梅雨時期のアホ毛は油分でフタをする …… 102
不器用さんならR・B・I一択！ …… 104
服だけでなく髪も衣替え …… 106
COLUMN 一生使える頭皮ケアの基本 …… 108

4章 毎日同じ髪型から印象激変大人のヘアアレンジ
短くてもまとめたい……110
ボブは内巻きor外ハネで変身……112
ハーフアップの正解はコレ……114
ショートでもアレンジしたい！……116
アイロン使いの基本……118
失敗しないセルフ巻き……120
ヘアアクセを上手に使いこなす……122
帽子×ヘアの正解……126
ニット帽の似合わせテク……128
マフラーとスカーフのベストバランス……130
セットばりの華やかアレンジ……132
特別な日にも活躍アレンジ……134
COLUMN 一生使えるブラシの使い分けの基本……136
5章 今さら聞けないヘア悩みの正解を教えます
美容院に行くときに注意すること……138

白髪を見つけたらどうすればいい？…… 139
カラーは美容院ですると傷まない？…… 140
自宅で失敗せずに前髪をカットするには？…… 141
つむじが割れて薄毛に見える…… 142
最近、抜け毛が増えてきた…… 143
髪を乾かすのに時間がかかります…… 144
ドライヤーはどんなものを選べばいい？…… 145
汗だく髪、どうにかしたい！…… 146
直毛すぎて、髪が巻けない！…… 146
自分に合ったスタイリング剤って？…… 147
小顔に見せたい！…… 148
髪をきれいに伸ばすには？…… 149
切った髪を寄付できるって本当？…… 150
ヘアカラーとマニキュア、ヘナの違いは？…… 151
旅行先に持って行くべきヘアアイテムは？…… 152
前髪がぱっくり分かれます…… 153
髪色が思いどおりになりません…… 154
シャンプーは朝がいい？ 夜がいい？…… 154
頭皮がかゆいんです…… 155

おわりに…… 156

1章

大人の女性が一瞬できれいになるために知っておくべき4+1の法則

髪のプロ2人が、これさえ知っておけば
人と差がつく、厳選に厳選した4+1の法則。
読むか読まないかで
あなたのこれからの「髪人生」は大きく変わります。
髪は見た目年齢を左右するほど
大事なパーツなのです。

鉄則0

見られているのは正面の顔ではなく髪、

思っているよりも鏡の中の〝私〟は見られていない

想像してください。

あなたは、今、同窓会に来ています。立食パーティなので、いろんな友達が入れ替わり立ち替わり、あなたを見つけて声をかけてきます。さて、このとき同級生たちは、あなたの「どこ」を見ているでしょうか。

おそらくその同級生は、遠目であなたの後ろ姿を見つけ、近くに来るとあなたの横顔を見ながら会話します。後ろ姿ではあなたの顔は見えません。見えるのは「髪」だけです。

また、友達が会話をしているときに見えている、あなたの横顔の面積の7割を占めるのは「髪」です。お友達があなたとおしゃべりを楽しんでいるとき、その人の視界には、常にあなたの髪が映っています。

想像してください。

あなたは、今、会社でデスクに座りパソコンに向かっています。後ろから歩いてきた同僚が、あなたに声をかけてからデスクの上に資料を置いていきました。
さて、そのときその同僚は、あなたの「どこ」を見ていたでしょうか。

おそらく、その同僚にはあなたの「頭頂部」が見えていたでしょう。イスに座っているとき、立っている人から見えるのは、あなたの顔ではなく、「髪」。顔は、頭頂部越しにほんのり見えているだけです。あなたは、自分の頭頂部、チェックしたこと、ありますか?

私たちは自分の顔を見慣れています。鏡に映る顔は、いつも正面の顔です。
でも、私〝以外〟のすべての人は、あなたの顔を正面からまじまじと見てはいません。私〝以外〟の人に見えるあなたは、横顔のあなただったり、後ろ姿のあなただったり、上から見下ろしたあなただったりします。

自覚をすることが美への第一歩になる

たった一度だけでいいです。

自分の横顔や後ろ髪、そして頭頂部を撮影してみましょう。自撮りでもいいですし、友人やお子さんに撮影してもらってもよいです。思ったよりも貧相に見えるとびっくりするかもしれません。

想像よりも頭頂部が寂しくて驚くかもしれません。

でも、その横顔や頭頂部が、あなたの周りの人たちが見ている、あなたの「顔」です。

「見られているのは、正面の顔ではなく、髪である」。

このことを意識したら、髪の扱い方が劇的に変わります。髪が変われば、あなたは圧倒的に若々しく、美しく見えます。

鉄則1

四十を過ぎたら、分け目はいらない

分け目のあるモデルは一人もいない

大人の女性向けファッション誌には、「分け目」のあるモデルさんは一人もいません。これは、誇張ではありません。本当に、一人もいないのです。

なぜでしょう。

それは、撮影現場にいるヘアメイクさんが、モデルさんの分け目を必ず「消す」からです。分け目を「消す」というのが言いすぎであれば、「ぼかす」と言ったらいいでしょうか。

もともと分け目がピシッとついていたモデルさんも、ヘアメイクさんの手にかかると、みるみるうちに分け目が消失していきます。そして、ここからが重要なポイントなのですが、分け目がなくなると、人は5歳くらい若く見えます。

撮影現場に到着したときと、帰るときでは、まるで別人です。若々しさの理由は、メイクでも服でもなく、分け目一発です。

老けて見えるかどうかは分け目次第

田んぼのあぜ道のように、ぱっくり分かれたライン。

そこから見える地肌。

生まれたての5㎜しかない白髪も、分け目部分がいちばん目立ちます。

いつも同じ分け目で何十年も過ごしてきた人は、分け目部分の頭皮が紫外線やら乾燥やらで弱っているので、分け目の髪がいちばん薄くなっています。

そんな分け目を退治する。

分け目なんて、私の人生には存在しませんことよ、おほほほ、という感じで、根絶する。

毎朝3分の「分け目ぼかし」が、あなたを別人にします。

たった3分で分け目はなくなる

やり方は簡単。分け目がぱっくりにならないように、手ぐしでぼかすだけ。ガンコな分け目の人は、ドライヤーで乾かすところから、根元を左右あちこちにふりながら乾かします。

それでも分け目がついてしまう人には、「分け目トレーニング」がおすすめ。いつもと違う分け目で髪を分けたら、無理やりその場所で髪を結んでしまいます。それを続けるだけで、ぱっくり分かれる分け目とさよならすることができます。

もしも。

たったひとつだけ、若々しく見えるコツを教えてほしいと言われたら、それは分け目です。

分け目を制するものが、髪を制するのだ!

でこんなに違う！

BEFORE

分け目をしっかりとると、その部分の地肌がどうしても目立ってしまう。実際よりも、髪が薄く寂しい印象になってしまうことが！

分け目だけ

分け目が目立たず
ふんわり若々しい

AFTER

分け目が目立たないと、ここまで若々しい印象に。ポイントは、分け目をまたぐようにして髪を乾かし、そのあと分け目をぼかすことです

次のページで分け目をなくすテクニックを紹介

＼これさえすればOK／

基本

分け目をぼかして
トップに立ち上げをつくる

分け目が目立つのは、髪をなでつけたりブラシで分け目のラインをとってしまうから。まずはラインをつける習慣をやめましょう

HOW TO
1

分け目を手ぐしで動かしてぼかす

分け目部分に指を差し入れて、左右に髪を振ると分け目がなくなる。ぱっくりと分かれやすい人は、ドライヤーで髪を乾かす段階から分け目部分を左右に動かして乾かすと、分け目をぼかせます

＼ これはNG ／

写真を撮る前慌てて髪をおさえつける人を見かけますが、これはNG。髪をおさえつけるとボリュームがなくなるだけではなく、分け目が目立ってかえって薄さを強調してしまうことに

2

根元の髪を指で持ち上げて高さを出す

分け目の根元部分を指で立ち上げて、ふんわりとした高さを出して。こうすることで、分け目の根元部分が見えにくくなるので、結果的に若々しい印象にチェンジできます

＼この手もアリ！／

応用

分け目の根元を立ち上げて ふっくらふんわり

普段の分け目のままだと、ぺたんこでボリュームが出ない場合は、
根元を立ち上げたり、いつもと逆サイドで分けることで解決！

BEFORE

普通に分け目をとると、トップにボリュームが出ない。いつも同じ位置で分け目をとっている人は、そこから髪が薄くなる原因にも

HOW TO

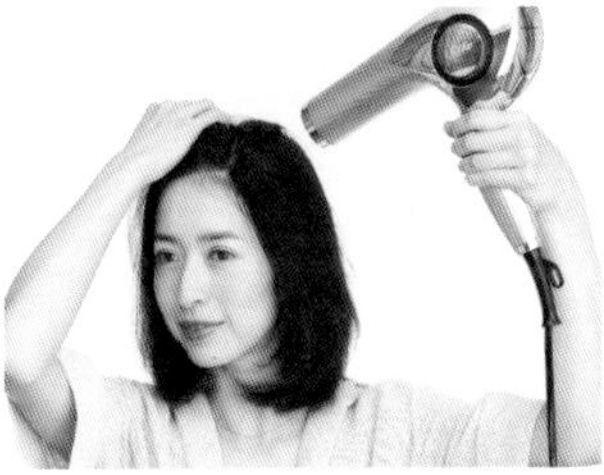

髪を乾かすときに、最終的に分けたい方向と逆方向に根元を倒しておきます。すると、毛流れに逆らうように分け目ができるので、根元が立ち上がる

AFTER

分け目を逆にすると
さらにボリュームアップ!

根元がふわっと
立ち上がっている!

分け目を普段と逆方向でとると、毛流れに逆らうようになるので、自然と根元が立ち上がってボリュームが出るマジック!

最初に、根元を実際に分ける方向と逆方向に乾かすことで、根元にふんわりと立ち上がりが生まれます。ボリュームもぐんとアップ

鉄則2

大人の年齢は後頭部で決まる

とりあえず全部「後頭部」

女性の政治家、経営者、テレビキャスターなどの髪型に注目してみましょう。後頭部にこんもりボリュームがある人が多いと思います。

たとえば、滝川クリステルさんがニュース番組のキャスターをしていた時代。番組では、「クリステル角度」と呼ばれる、ナナメ45度のカメラアングルがあったそうです。この角度が、クリステルさんの後頭部のボリュームを際立たせ、知的美人のイメージを爆上げするのに一役買っていました。

後頭部のボリュームがある人は、知的に見えます。

後頭部がふっくらとしていると、若々しく見えます。

後頭部の高さは、色気につながります。

つまり、後頭部がキマっていると、だいたいキマって見えるのです。

先ほど、人は正面の顔よりも横顔の方がよく見られていると言いました。そして、その横顔の出来を左右するのはなにせ「後頭部」です。だからこそ、人から信頼されたい職業の人たちは、後頭部に命を懸けるのです。

後頭部に命を懸けた方がいい2つの理由

後頭部が美しいと、いろいろキマって見える理由は2つあります。

ひとつめは、「後頭部の形＝頭の骨格」と判断されるから。もともと日本人は、後頭部が絶壁の人が多い人種です。でも、後頭部に高さやふくらみがあると、「頭の形がいい人」に見えます。つまり、生まれつき美しい人に見えるというわけです。

もうひとつは、「後頭部のボリューム＝若々しさ」に直結するから。後頭部にふくらみがあると、毛量が豊かに見えますし、毛量が豊かに見えると、それは若々しさにつながります。「見た目年齢」は後頭部の状態に大きく左右されると心得て。

ボリュームを出すテクはいろいろ

後頭部のボリュームの出し方は、いくつかあります。簡単なのは、マジックカーラーを使う方法。メイクを仕上げている間に、マジックカーラーで後頭部を巻いておき、ドライヤーの温風→冷風を使えばばっちりです。私（さとゆみ）は、１０４ページで紹介するＲＢＩ（ロールブラシアイロン）を使っています。

毎日のスタイリングで意識するのは大変という人であれば、美容院でボリュームアップのパーマをかけるのもおすすめ。

ちなみに、後頭部のボリュームは、ロングヘアよりショートヘアの方が出しやすくなります。これは、髪が長くなるほど毛の重さでトップや後頭部がつぶれやすくなるため。もし、知的で色っぽい（そして若々しい）、〝クリステルボリューム〟を出したいと思ったら、ショートヘアも検討してみてください。

でこんなに違う!

後頭部が
ぺたんこ

BEFORE

後頭部がぺたんとしていると、頭の形がよく見えないだけでなく、髪のボリュームも少なく見えてしまうので、いろいろと損!

後頭部だけ

ボリュームアップで
横顔美人に!

AFTER

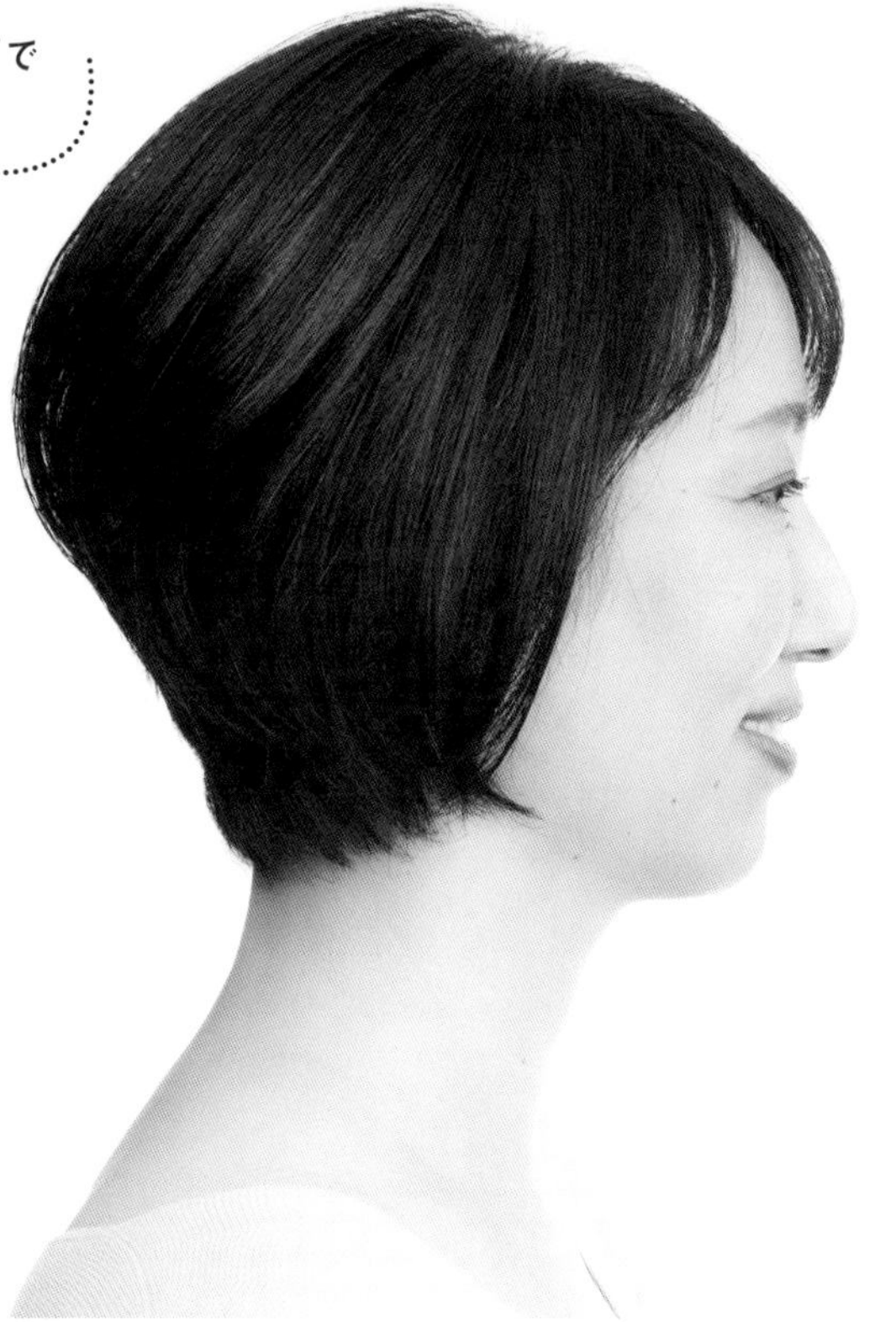

後頭部にふっくらボリュームが出ると、一気に若々しい印象に。骨格もきれいに見えるから、「生まれつき美人」に見えます

次のページで後頭部をボリュームアップさせるテクニックを紹介

\これさえすればOK/

基本

根元に立ち上がりをつくり 後頭部にボリュームを出す

手っとり早く後頭部のボリュームを出したいときは、マジックカーラーを使って。ドライヤーの温風→冷風の切り替えがキモです

HOW TO 1

トップの髪にマジックカーラーをあてる

トップの髪をひと束取ってマジックカーラーを後ろからあてます。ポイントはマジックカーラーを根元にぐっとあてて、毛束をナナメに倒すこと。この角度で巻くとボリュームが出ます

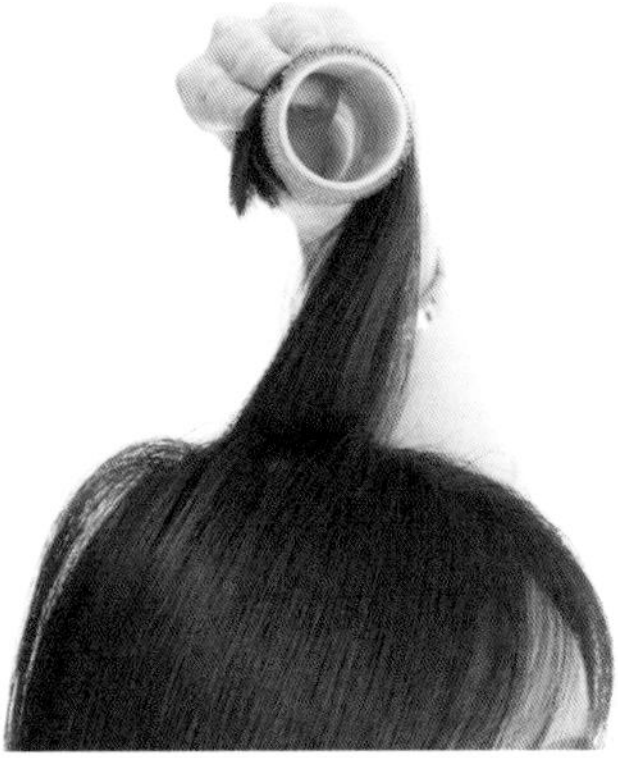

2

マジックカーラーを毛先まで滑らせる

①のマジックカーラーを、ゆっくりと毛先の先端まで滑らせる。マジックカーラーにしっかり髪をからませることで、カーラーから髪が落ちてこなくなります

マジックカーラー

使用したカーラーのサイズは、40mmのもの。100円ショップなどで購入できます

後ろ方向に向かって毛先から巻き込む

3

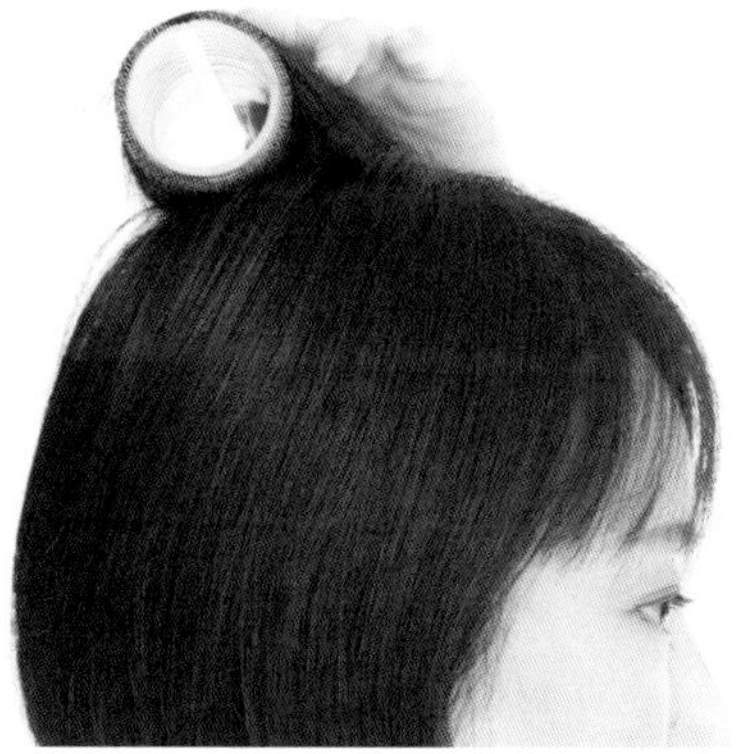

毛先から、くるくると髪を巻き込んで根元まで巻いていきます。根元まで到達したら、ぐっとおさえつけて髪にからませる。これで、指を離しても落ちてきません

ドライヤーの温風→冷風をあてる

4

同じようにマジックカーラーをもう1個巻き、ドライヤーの温風を10秒、冷風を10秒あててクセづけする。冷風をあてることで根元の立ち上がりをキープできます

＼この手もアリ！／

応用

ひとつ結びも後頭部にボリュームを出すと若々しい！

定番のひとつ結びをするときも、後頭部に高さを出すだけで、
バランスがよくこなれて見えます。最後のひと手間で別人級の仕上がりに

AFTER

後頭部のボリューム
ひとつで段違い！

BEFORE

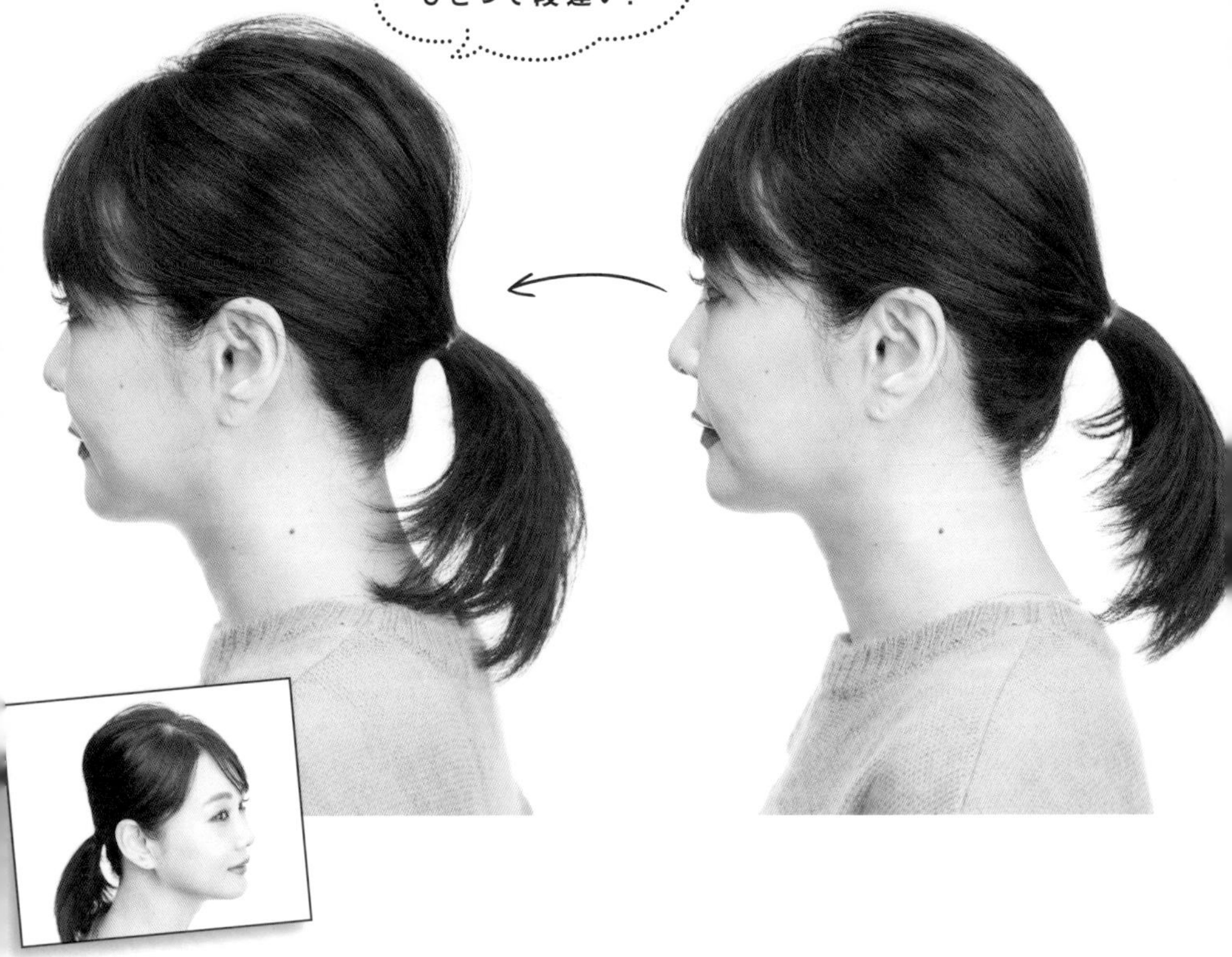

HOW TO

1

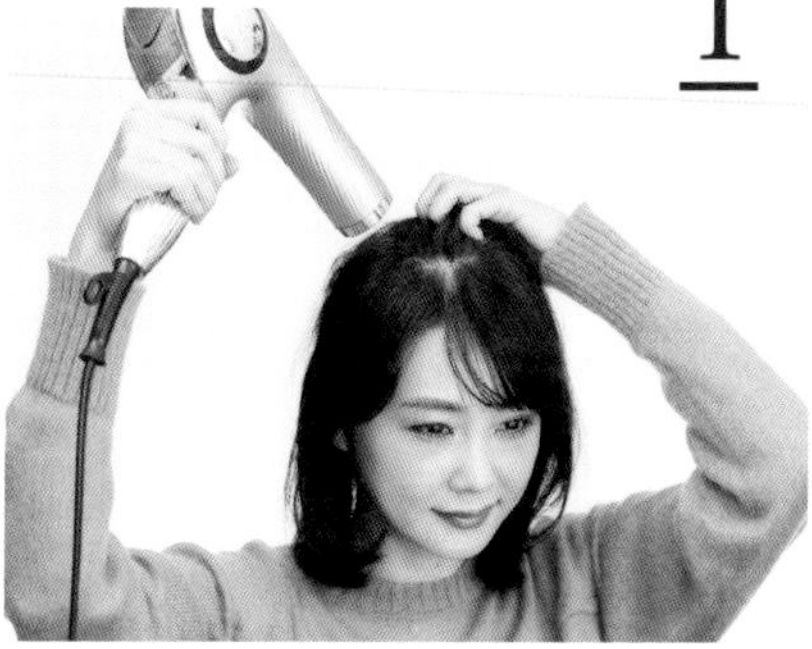

分け目をつけずに
髪を乾かしていく

結ぶ前に分け目をぼかしておくとボリュームが出やすくなります。つむじや、分け目部分をこするようにドライヤーの熱をあてるのがコツ

2

ブラシを使わず
ひとつにまとめる

ワックスやバームをつけ、手でざっくりと髪をまとめる。ブラシを使ってとかすと、髪をなでつけてしまうので、手ぐしでまとめましょう

3

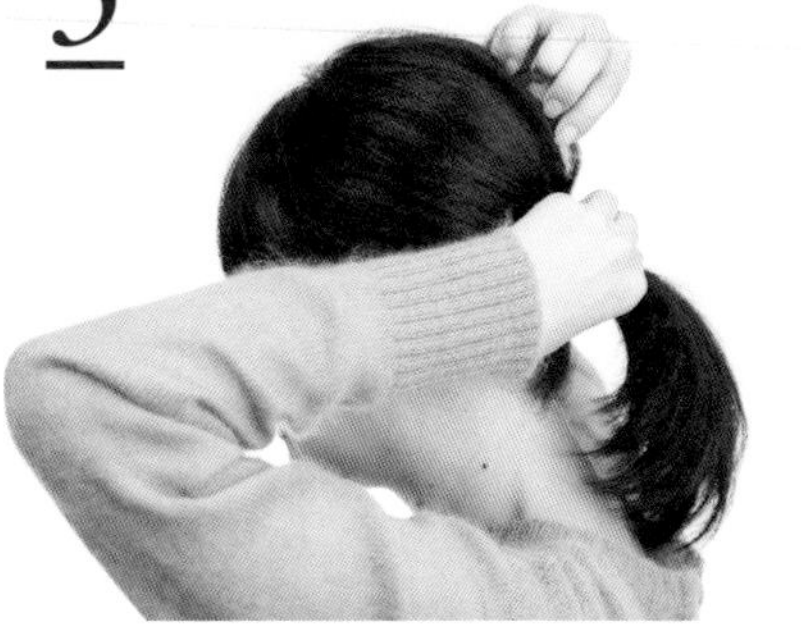

後頭部を引き出し
高さを出す

ひとつ結びをしたら、後頭部から髪を引き出して高さを出す。ゴムの部分を指でしっかりおさえて毛束を引き出すと、くずれにくくなります

4

ハードスプレーで
ボリュームキープ

最後に、引き出した部分にスプレーをかけて、ボリューム感をキープします。ハード系のスプレーを使って、少し遠くからかけて

まだまだある！

後頭部テク3つ

1 美容院でパーマをかける

後頭部のボリュームで
分け目も目立たなくなる！

BEFORE

大きめのロッドで根元を立ち上げるようなパーマをかける。毛量や髪質にもよるが、だいたいロッド3～4本で巻くことが多い

2 頭皮用ブラシで分け目をなくす

ukaの頭皮マッサージ用ブラシ。スカルプブラシ ケンザン（さとゆみ私物）

頭皮をマッサージするタイプのマッサージブラシで、分け目付近を左右にマッサージ。分け目がなくなれば頭頂部＆後頭部もふっくら！

3 逆毛＆キープスプレーでボリュームをキープ

コームで髪の根元に逆毛を立てたら、そのボリューム感をつぶさないようにして、ハードスプレーをかけてキープする

鉄則3

ア、ホ、毛、と老、け、毛、を根絶やす

ドラマでも使われるアホ毛と老け毛

朝ドラで過去最高視聴率を記録した、『おしん』を覚えていますか? 見たことがない方でも、小林綾子さん（子ども時代）から田中裕子さんにバトンタッチした、主人公おしんの薄幸そうなビジュアル、そして生活の苦労を一身に背負った感のあるポスターは、記憶にあるのではないでしょうか。

さて、ここでお話ししたいのは、このおしんのビジュアルにおける、「アホ毛」と「老け毛」の存在です。

おしんのビジュアルは、ひと目で「生活が苦しいんだろうな」をぷんぷん感じさせる、ヘアメイクさんのテクニックが満載です（テクニックと言っていいのか?）。

なかでも、「アホ毛」と「老け毛」の強調っぷりがすごい。どんなに美しい女優さんでも、この、アホ毛と老け毛があると、「身なりにかまっているヒマありませんので!」感が出ます。

念のため、「アホ毛」とは、髪の表面にほわほわと出てくる短い毛のことを指します。

そして「老け毛」の方は、私（さとゆみ）の造語です。

髪の毛の〝破壊力〟はすさまじくて、頬の上に意図せぬ毛束が一本はらりと落ちて、汗ではりついているだけで、「髪に手間暇かけられないほど疲れてるんだな」と、やつれて見えます。

朝ドラや大河ドラマを見ていると、1人の女優さんが老け役までこなすことがありますが、この「老けた感」を出すのにいちばんいい仕事をするのが、顔周りの「老け毛」です。

わざと老け毛を出すだけで、「加齢のせいで髪が言うこと聞いてくれない…」感が出るというわけです。

アホ毛と老け毛は撃退できる

ということは…？　そうです！　このアホ毛や老け毛を徹底的に退治すれば、人は若々しく見えるようになるというわけ。これは、テクニックさえ覚えれば簡単です。

雨の日や梅雨どき、はたまた乾燥で静電気が起きるときなどが、アホ毛・老け毛が発生しやすいとき。そういうときに、ささっと対処できる方法を知っておきましょう。

ちなみに、アホ毛や老け毛は、自分ではなかなか気づきにくいものです。いちばん簡単なチェック法は、白壁の前に立って、自撮りをすること。すると、びっくりするほどアホ毛がいっぱい立っていたりします。

じつはこれ、ヘアカタログ撮影をするときのテクニック。写真にアホ毛が写ると一気に老け見えするので、シャッター前に必ず白壁前でチェックします。皆さんの生活にも、ぜひ取り入れてみてください。

でこんなに違う!

トップのアホ毛が
目立っている
前髪が
くずれている
BEFORE

全体にアホ毛が出ていると、「髪にかまっていられません」「生活にいっぱいいっぱいです」感が出て、老け込んで見えてしまいます

アホ毛だけ

乱れた毛がなくなると
一気に若見えする
AFTER

アホ毛をきれいに整えて退治することで、若々しい印象に！　髪に手をかけていると、「生活も潤っている」感じがするから不思議

次のページでアホ毛を整えるテクニックを紹介

＼これさえすればOK／

基本

コームとスプレーでアホ毛を撃退する！

アホ毛の退治にいちばん使えるのは、リングコームと呼ばれる柄《え》があるコームと、キープスプレー。気になる部分をささっとお直し！

これを使う

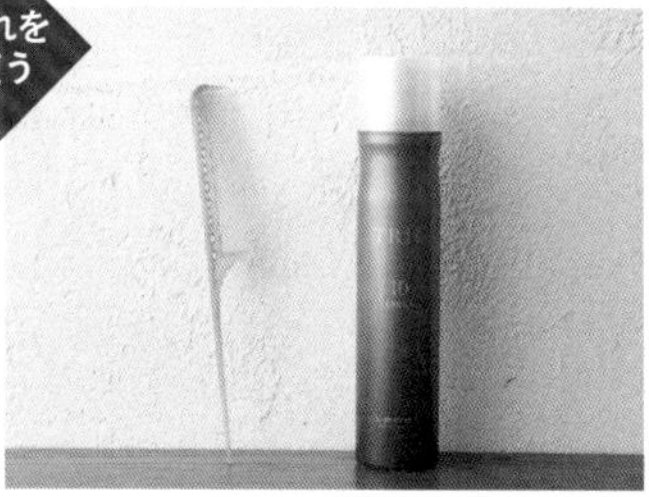

コーム&キープスプレー

コームは100円ショップで売っているもので十分。キープスプレーはなんでもよく、携帯用サイズにすると外出時も使えて便利

HOW TO 1

コームの柄部分にスプレーをかける

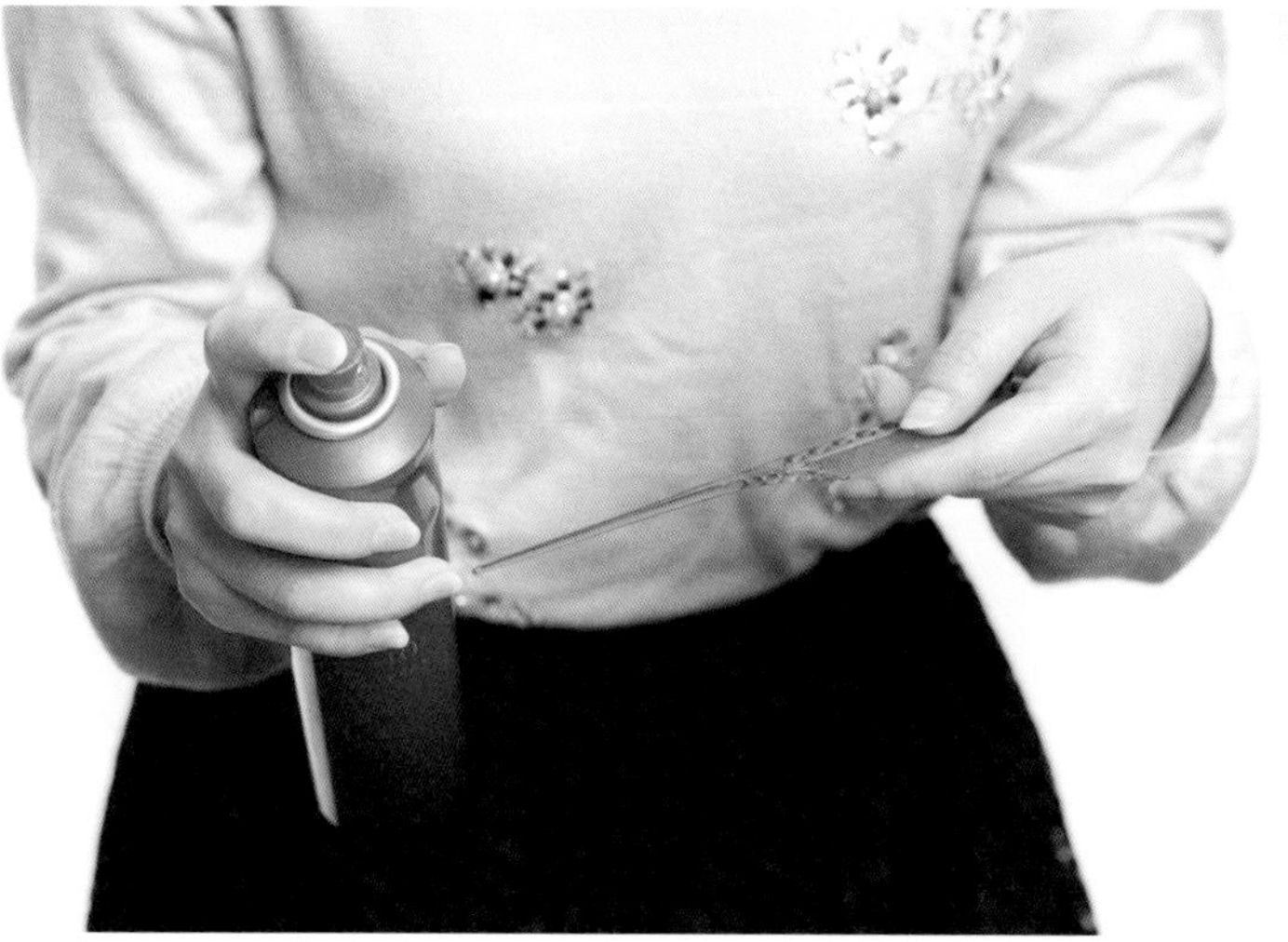

コームの柄の部分にスプレーをかける。クシの方を使うとクシの跡が髪に残っていかにも「スプレー使いました！」という質感になるので、柄で整えるのがコツ

2

コームの柄で アホ毛をおさえる

柄の部分で、アホ毛をなでつけるようにすれば、簡単にほにゃほにゃした毛が落ち着く。トップの毛がつるんときれいに整うので、断然若々しく見えます

3

乱れた老け毛を コームで整える

前髪が落ちてくる場合も同様。コームの柄にスプレーを吹きかけ、その柄の部分で落ちている毛をもともとの前髪に合流させます。顔周りの老け毛がなくなるとすっきり

＼この手もアリ！／

応用

アイロンやブラシを使ってアホ毛を消す

さとゆみおすすめのロールブラシアイロン(RBI)と、
八木ちゃんおすすめのポイントマスカラで、アホ毛や老け毛を簡単に根絶！

AFTER

BEFORE

これを使う

ブラシ型アイロン

クレイツのロールブラシ型のヘアアイロン(さとゆみ私物)。中央だけに熱が入るので火傷の心配がありません

髪を乾かしたあと、表面の髪にブラシ型アイロンをゆっくり通すと、簡単にキューティクルが整う。アホ毛がなくなって、たった数分で清潔感たっぷりのツヤツヤ髪に

＼ツヤツヤ／

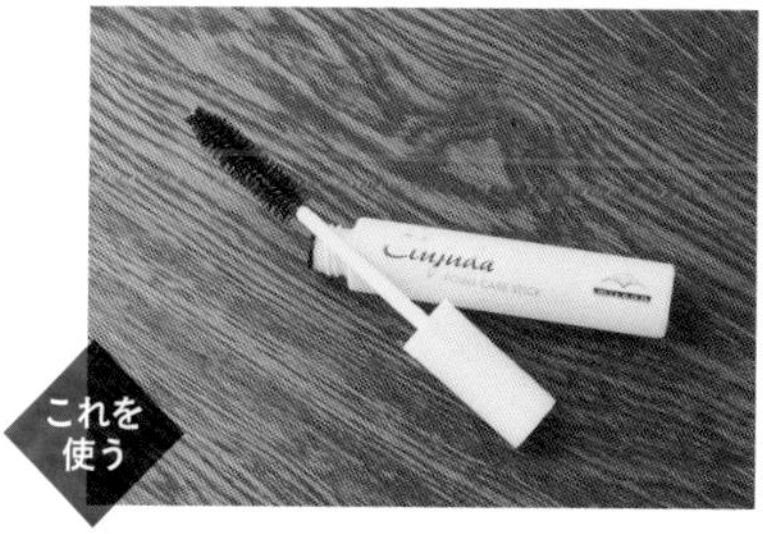

ヘアマスカラ

アホ毛を整えるポイントケアアイテム。エルジューダ ポイントケアスティック ¥1650（ミルボン／サロン専売品）

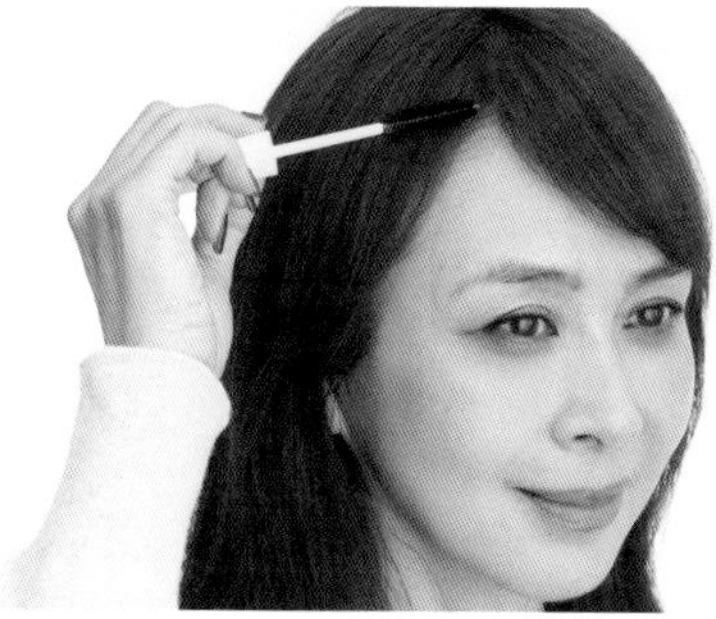

顔周り

浮いた毛を
マスカラでおさえる

フェイスラインに意図しないうねり毛が落ちると、5歳老けて見える「老け毛」の原因に。顔周りの浮いた毛を、マスカラでおさえるようにして落ちてくる毛をおさえます

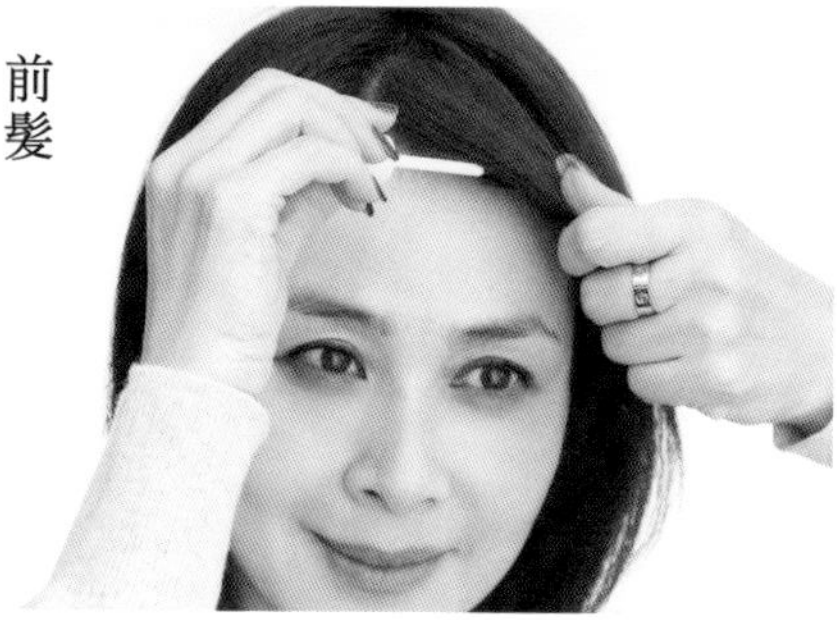

前髪

前髪は内側に
マスカラをつける

くずれやすい前髪は、内側にマスカラを通すと、整いやすい。前髪が落ちてくると、それだけで清潔感が損なわれるので、注意が必要。マスカラでなでつけると、おさまります

トップ

トップは短い毛を
おさめるように

トップのほにゃほにゃした短い毛も、人には結構見られているもの。トップは、切れ毛やアホ毛が目立ちやすいので、ここもやはりマスカラで処理してあげましょう

夏の老け毛対策!

応用

汗でえり足にはりつく毛をきれいにおさめる

ひとつ結びにしたときにえり足にはりつく「老け毛」。
落ちてきた毛はアメピンでとめると、後ろ姿がすっきり美しくなります!

BEFORE

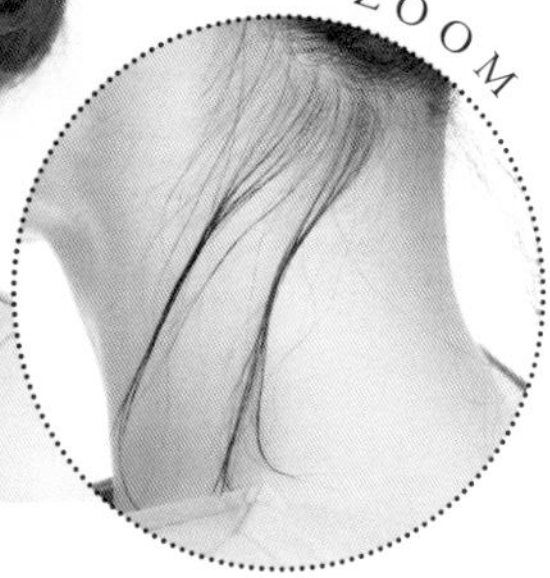

HOW TO

髪をまとめる前に、ワックスやバームなどをなじませて、髪がばらつかないようにする。直毛の人は髪が落ちてきやすいので、先に巻いておくのも手。落ちてくる毛は、ピンでとめて

AFTER

冬のアホ毛対策！

応用

寒い日の静電気は しっかり保湿がカギ

マフラーをつけたり外したりするたびに、静電気で髪がバサバサに。
髪を乾燥させないよう、保湿をするのがポイントです

AFTER　　　　BEFORE

使用するもの

左から、オーバイエッフェリッチスタイルバーム 40g ¥2860（マッシュビューティーラボ）、エヌドット ポリッシュオイル 150㎖ ¥3740（ナプラ）

HOW TO

1 トリートメントで髪をたっぷり保湿

乾燥で髪が広がり、アホ毛が出るときは、髪を乾燥させないように保湿をしっかり。まずは、洗い流さないタイプのアウトバストリートメントをタオルドライのあとにたっぷりつける

2 ドライヤーを上から下に向けてあてる

髪を乾かすとき、下から風をあてるとキューティクルをめくってしまうので静電気が起きやすくなります。キューティクルをしっかりとじるイメージで、上から風をあてて

3 お出かけ前にもう一度油分を足す

冬の間は、ワックスやオイルの分量を普段よりも気持ち多めにとるように心がけると、しっとりとまとまりやすい。しっかり保湿すると、静電気はだいぶ防げます

鉄則4

前髪は、あなたの人格になる

髪型にはキャラクターがある

「髪型には人格がある」と言うと、皆さんは驚かれるでしょうか。

人格という言葉がわかりにくければ、キャラクター（個性）と言ってもいいかもしれません。

洋服の例で考えてみましょう。たとえば、レースやフリルの服は甘いイメージ、かわいらしいイメージがあると思います。逆にレザーの服はハードだったり、クールな印象があるのではないでしょうか。

素材の話だけではありません。たとえば、だぼっとルーズなワイドパンツはカジュアルな印象になります。体にぴたっと沿うようなタイトスカートはセクシーな印象になるでしょう。

このように、それぞれの服には「このような服を着ると、こんなイメージが後押しされる」といった、印象があります。

じつは、髪型も同じ。かわいく見えるシルエットもあれば、カッコよく見えるシルエットもあります。個性的に見えるカットラインもあれば、万人受けする好感度の高いカットラインも。「洋服がもつイメージ」に比べて、この「髪型がもつイメージ」については、これまでほとんど語られてきたことがありません。しかし、この「髪型がもつイメージ」の効果は計り知れません。これを知って髪型を選ぶことができるようになったら、人生は間違いなく好転します。なぜなら、自分の第一印象を自分でコントロールできるからです。

前髪こそが髪型の印象を決める

なかでも、前髪は髪型の印象にいちばん大きな影響を与えるパーツです。人は、相手の目を見て話すので、前髪を見ていることが多いのです。

そんな重要な前髪にも、それぞれキャラクターがあります。

まっすぐ下ろした前髪は、若々しくかわいらしい印象があります。

ナナメにふんわり流した前髪は、優しくフェミニンな印象があります。

前髪をつくらずに、額を全開にすると、意志の強さを感じさせます。

かき上げたようなグラマラスな前髪だと、色っぽい雰囲気になります。

個性的にしたいなら、眉よりも短い前髪にするといいでしょう。

このように、前髪がもつイメージをうまく使えると、「こんな自分でありたい」「こんな人だと思われたい」が、簡単に叶うようになります。

前髪は、あなたのイメージを左右します。つまり、前髪は、あなたの人格となるのです。こんな大事な前髪ですから、適当に選んではダメですよ！

眉下前髪を下ろす場合

でこんなに違う！

A

クールな印象の「センターパート」

センターパートは前髪にあまりカーブがつかないので、クールな雰囲気になります。丸い形のかわいらしいボブでは幼くなりすぎるという人は、前髪をセンターパートにしてバランスをとって

B

フレッシュな印象の「前髪下ろし」

前髪を下ろすと、若々しくフレッシュなイメージに。かわいらしい雰囲気が好きな人におすすめ。前髪を下ろすときは、オイルやワックスで毛束をつまんで、隙間をつくると今っぽくなります

前髪だけ

C

ナチュラルな印象の「6:4分け」

センターパートよりも、少しフェミニンな雰囲気の6:4分け。これが7:3になるとよりフェミニンに。前髪に曲線が出ると、やわらかく優しい印象になるので、ベストバランスの分け目を探って

D

色っぽい雰囲気の「9:1分け」

思いっきり分け目をサイドパート（横分け）にすると、色っぽさがにじみます。普段とは少しイメージチェンジしたい、お呼ばれの服に合わせたいなどという日は、こんなサイドパートが似合います

長めの前髪の場合

でこんなに違う!

E

すっきりさわやか「センターパート」

センターで分けると、縦長感が強調されて、さわやかな印象に。ただし、分け目をぱっくりつけると、地肌が目立ってしまうので、髪の薄さが気になってきた人は、ジグザグ分けをするようにして

F

フェミニン派なら「7:3分け」

7:3分けは、前髪にカーブがつくので、曲線が強調されてフェミニンに見えます。普段センターパートばかりという人には、ぜひ試してほしい前髪です。ロールブラシなどを使ってナナメに流して

前髪だけ

G

ボリュームアップなら
「逆の分け目」

普段とは違う分け目で分けると、毛流れに逆らう形になるので、自然と髪にボリュームが出てグラマラスな印象に。かき上げるような感じにもなるので、少しセクシーな雰囲気にしたいときにも

H

若々しく見える
「前髪アリ風」

前髪を深い位置から持ってきてつくる「なんちゃって前髪」なら、ふくよかで若々しい印象に。前髪をトップの後ろの深い位置から持ってきてナナメに流すという、イメージ激変の裏ワザ

CUTE

前髪アリでまっすぐ下ろすスタイルは、目元が強調されてかわいらしい印象になります。若々しく見せたいときや、フレッシュに見せたいときにおすすめです。若づくり感が気になるなら、前髪に隙間をつくるとほどよく見えます

NATURAL

センターパートは、額がしっかり出るので、潔い雰囲気に。きりっと凜《りん》としたイメージにしたいときや、クールな雰囲気にしたいときは、センターパートを選んで。ただし、分け目ぼかしテクは必須です

6：4分けや7：3分けなど、ナナメに前髪を流す前髪は、女性らしいやわらかいイメージを後押ししてくれます。6:4分けよりも7:3分けの方が、曲線が強く出るので、よりフェミニンな印象に

ELEGANT

8：2分けや9：1分けは、グラマラス感が漂います。思いっきりかき上げたようなサイドパートになると、ボリュームも出やすい。普段とは違う分け目にしたときも、ボリューム感が強調されます

COOL

COLUMN

一生使えるシャンプーの基本

適温と洗い方で髪の負担を軽減して

シャンプーについて知っておいてほしいのは、基本的に「シャンプーは髪に負担をかけるもの」ということ。ですから、少しでも摩擦を減らすように意識しましょう。シャンプーを泡立てたいがためにごしごしこすり合わせる人がいますが、こういった「おがみ洗い」は絶対にNG。熱いお湯も頭皮の負担に。38℃程度が適温です。

1

シャンプー剤をつける前に、予洗いをする。2分くらいしっかりぬるめのお湯をくぐらせることで、シャンプーの泡立ちがよくなります

2

指の腹で頭皮をマッサージしながら泡立てる。頭皮が動いているのが実感できるほど、ゆっくりマッサージを。健康な髪の土壌をつくって

3

シャンプーを洗い流したら、トリートメントをつける前に水気をきって。びしょびしょのままではトリートメント成分が浸透しません

4

トリートメントは根元にはつけず、中間から毛先につけます。目の粗いコームでトリートメントが髪全体にいきわたるようにして

2章

お金をかけなくても知っているだけで5歳若返るコツ

世の中には「知っているだけ」で
得をする法則やテクニックが存在します。
ヘアスタイルやヘアケアも同じ。
少し普段とやり方を変えるだけで、
お金をかけなくても
できることを紹介します。

知っ得

残念ひとつ結びとオシャレひとつ結びの分かれ道

BEFORE

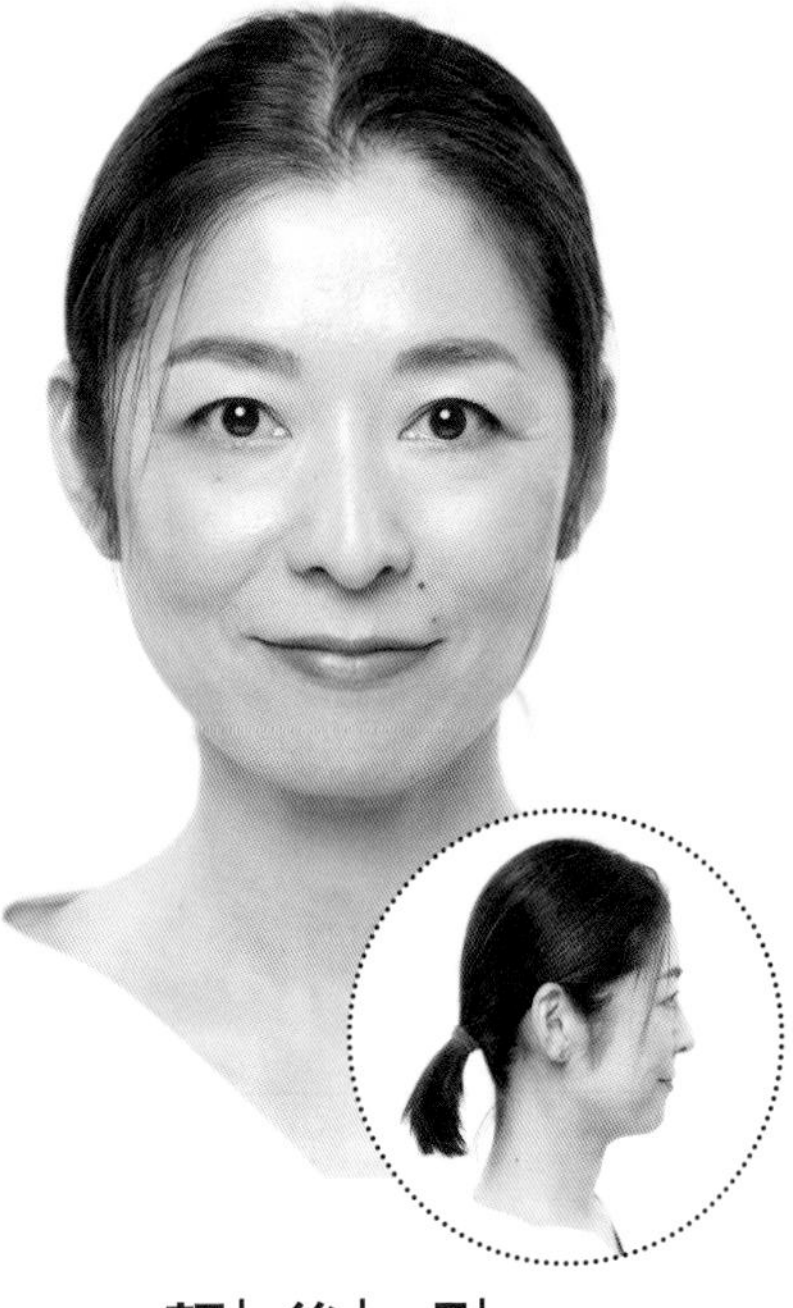

AFTER

「脱ひっつめ」は後頭部の高さと顔周りの毛がキモ

同じひとつ結びなのに、こなれた感が出ている人と、「ひっつめ感」が出てしまう人がいるのがひとつ結び。「とりあえず結びました」という感じのひっつめ結びになってしまうのは、分け目がぱっくり開き、顔周りにぱらぱらと落ちた毛が「老け毛」になっているから。さらに髪が短い人だと、えり足の毛が落ちてくるのも原因。

オシャレに見えるかどうかは、結ぶ前のひと手間と、結んだあとの最後の仕上げがポイント。こなれ感が変わります！

私たちが教えます!

ヘアライター
さとゆみ

ヘアスタイリスト
(MINX)
八木ちゃん

ひとつ結びは、結んだときのバランスが命です。
結ぶ高さとボリュームの出し方を
意識しましょう。

とくに短い人や、
レイヤーがいっぱい入っている人は、
髪がぱらぱら落ちてきやすいですよね。

髪がばらつく人は、ワックスを全体になじませて、
髪をまとまりやすくしてから
結びましょう(A)。

結ぶときのコツは?

フェイスラインの髪を少し残して(B)。
この髪があることで、顔周りに毛束の
影が落ちて、小顔効果が生まれるんです。

髪が短めの人が高い位置で結ぶと、
なんだかバランスが悪くなるとき
ありますよね。

髪が落ちてこないギリギリの場所、
耳の付け根くらいで結ぶと
バランスがよくなります(C)。

あと**大事なのは、後頭部の高さ!**
ここで印象が変わりますよね。

髪を結んだあと、**指先でトップの髪をほんの少し**
上に引き上げるようにして、高さを出しましょう(D)。
一気にこなれます。最後にえり足の
ぴょんと飛び出た毛をシャットアウト(E)。

アメピンで短い毛をとめればいいだけですね。
たしかにこの毛がなくなると、断然若く見える!

A

B

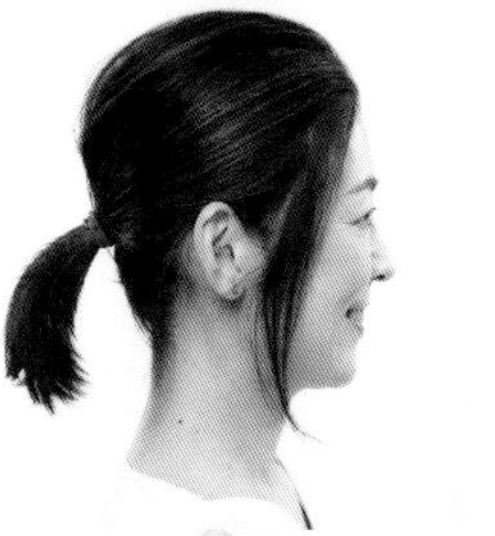
C

D

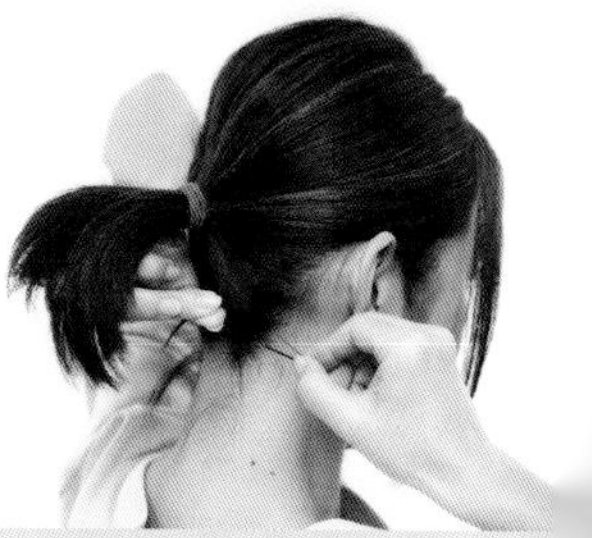
E

次のページで残念ひとつ結びの撲滅方法を紹介

知っ得

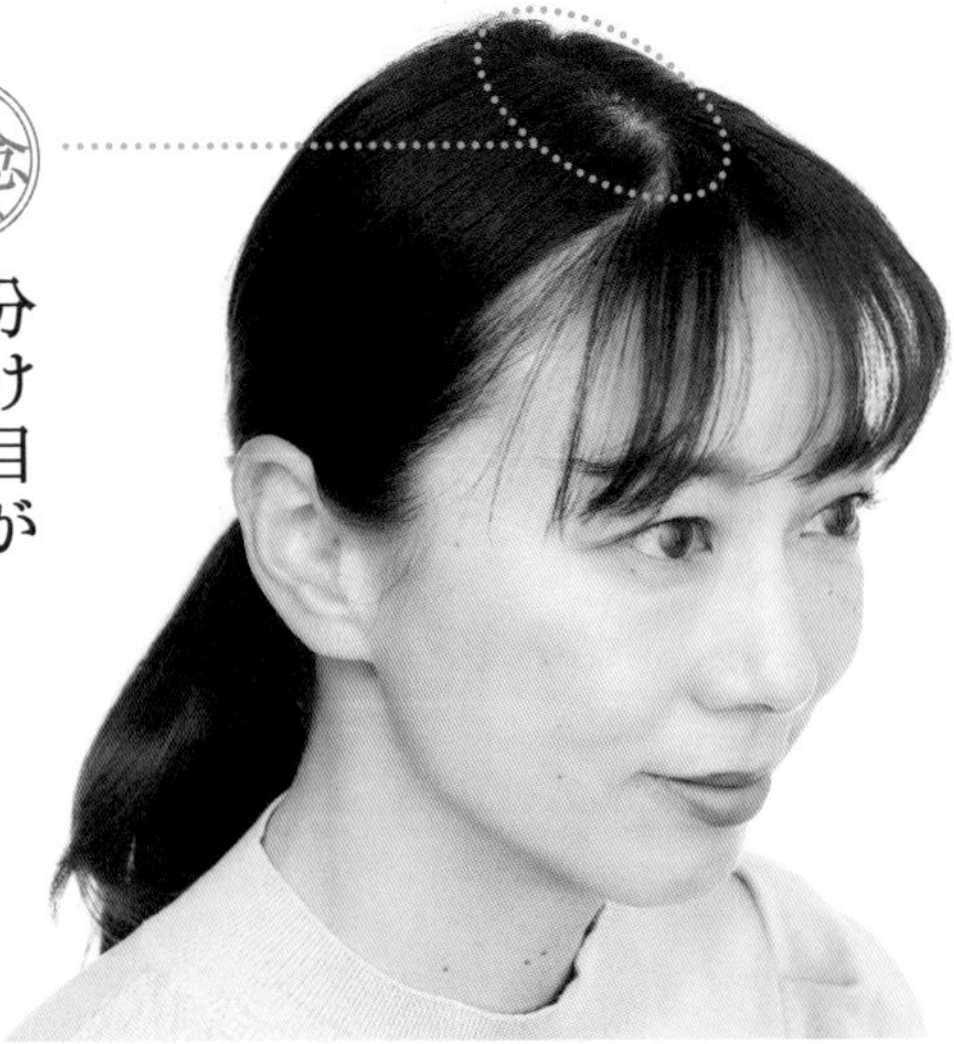

残念ポイント

分け目がきっちりついている

大人の女性はどんな髪型でも「きっちり分け目はNG」と心得て。分け目部分の薄毛と、伸びかけの白髪が目立たないようしっかりぼかして

これやってたら要注意！

残念ひとつ結び

老け見えしてしまう、野暮ったく見えてしまう…。
気づかぬうちにやっていないかチェックしてみて

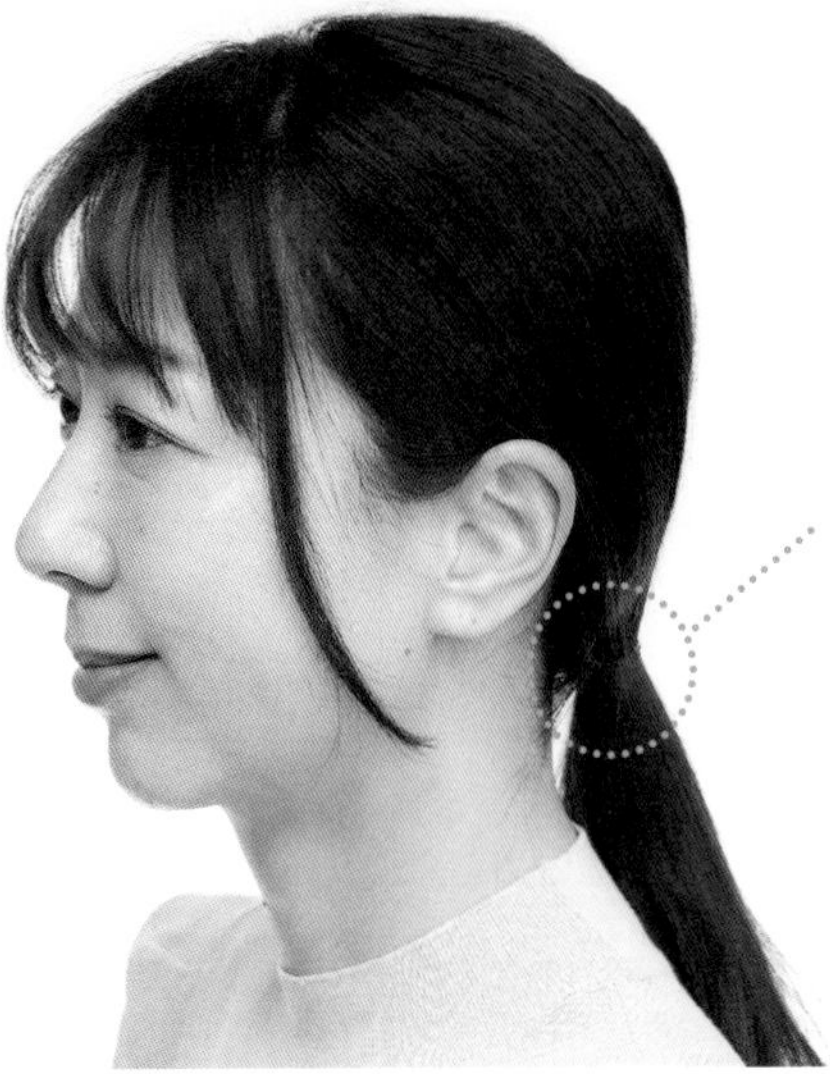

残念ポイント

結ぶ位置が低すぎる

落ち着いた雰囲気にしようと結ぶ位置を低めにしすぎると、疲れて老けた印象に。耳の付け根くらいの高さにしておくのがベスト

残念ポイント

後れ毛を長く多く出しすぎている

フェイスラインや耳の後ろに後れ毛を出すときは、長すぎたり分量が多くなりすぎなりように。目安は、きしめん1本分くらいが◎

残念ポイント

タイトにまとめすぎている

バレリーナのようなタイトなまとめ髪は大人の女性がすると貧相に見えてしまう。後頭部にはふっくらボリュームをもたせましょう

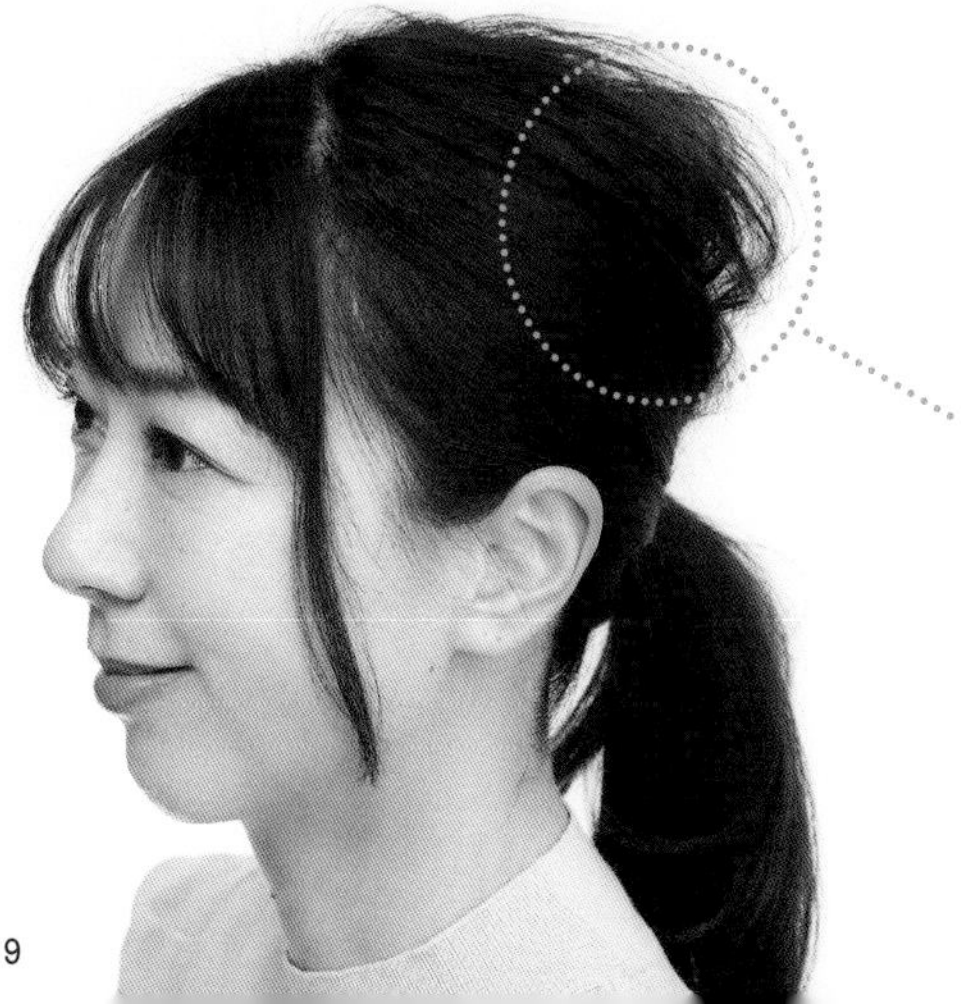

残念ポイント

後頭部の髪を無理に引き出してぐちゃぐちゃ

後頭部の髪を無理に指で引き出そうとすると、ボサボサになってしまうことも。防ぐためには、最初にワックスをしっかりなじませておいて

知っ得

これが正解!

オシャレひとつ結び

ひとつ結びは、横顔と後ろ姿で差がつくもの！
写真を撮って見てみるなどしてベストバランスを探して

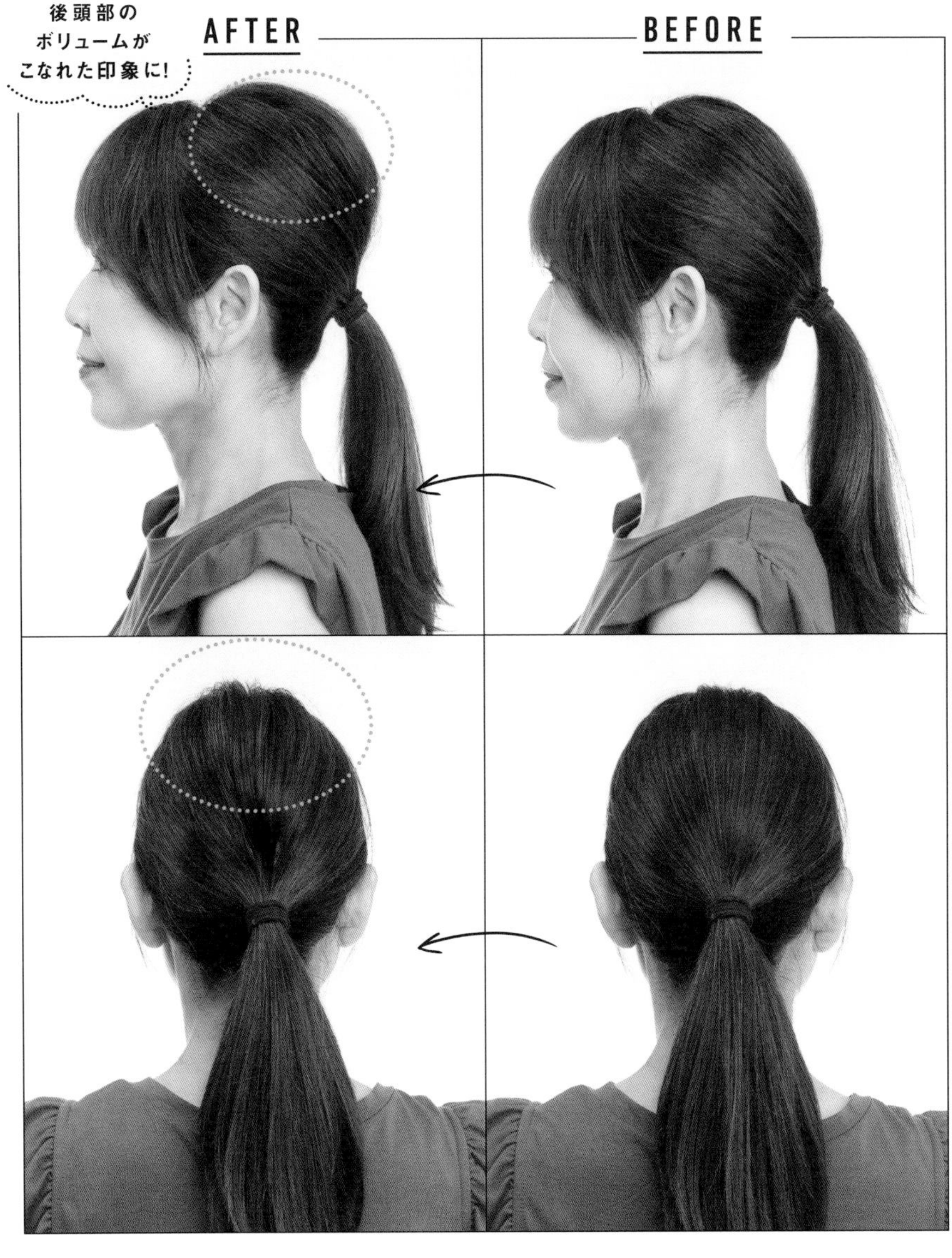
後頭部の
ボリュームが
こなれた印象に!
AFTER
BEFORE

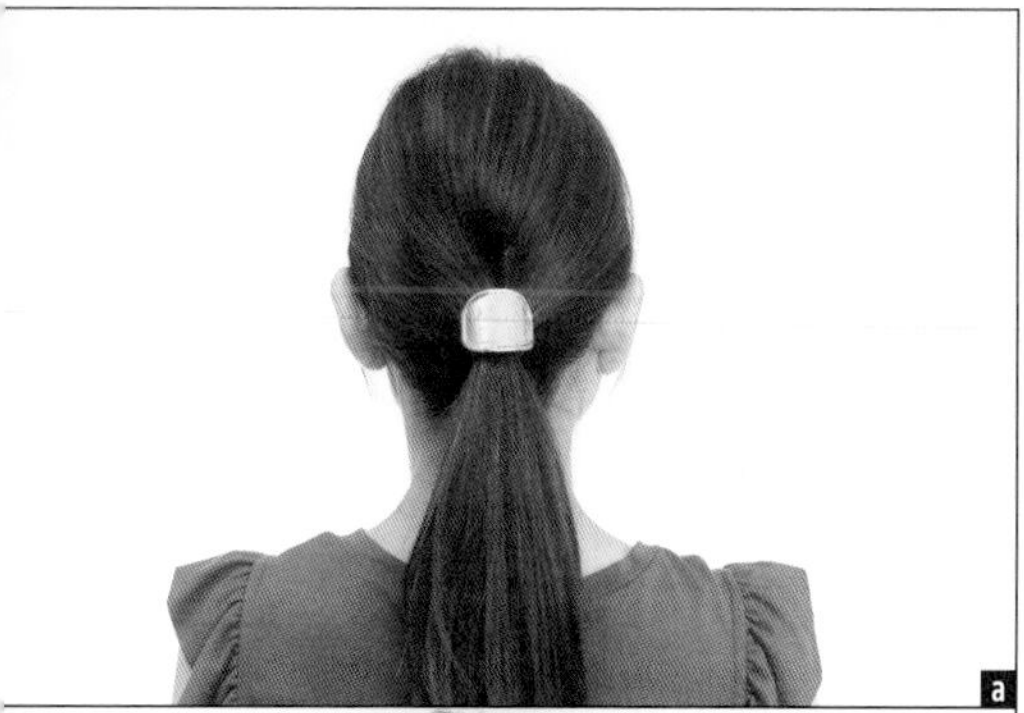

ヘアアクセでさらにオシャレ度アップ！

ゴムで結んだ部分に上からひっかけるだけのクリップアクセサリー。無粋なゴムが隠れるだけで一気に洗練された雰囲気になります

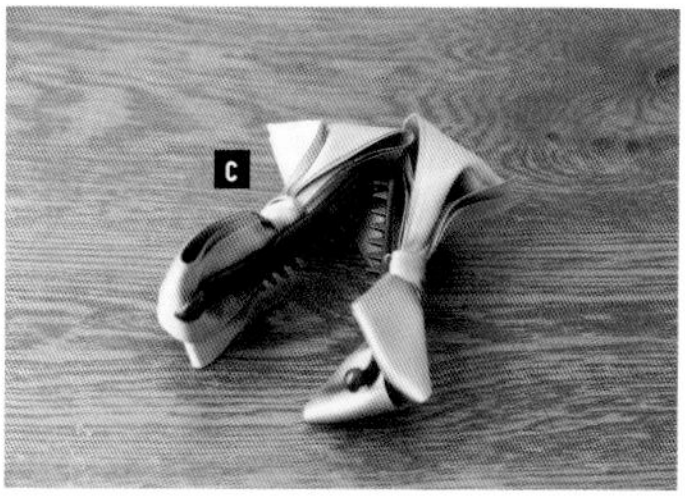

挟み込むタイプのバタフライクリップは、クリップだけでとめるとくずれやすいので、ゴムで結んだ上から固定するのがコツ

スカーフもあり

手持ちのスカーフを長方形に折りたたんでゴムの上から結ぶと、カジュアルな雰囲気に（右）。対角線上で三角になるようにナナメに折ってリボン結びにすると、華やかなイメージ（左）になります

知っ得

大人のショートヘアほど差がつく髪型はない

部活少年ではなく大人の色っぽいショートヘアに

大人女性に人気のショートヘア。ボリュームを出しやすかったり、知的に見えたり色っぽく見えたりといいことだらけ。ただし、ちょっとしたデザインの違いで、ショートヘアは少年やおじさんのように見えてしまうのが落とし穴。

ショートは切り方ひとつでずいぶん印象が変わる髪型です。もっと上品に、色っぽく見せたいという人のために、「ここだけは外さないで!」というオーダーのポイントを解説していきます。

ボーイッシュになるのかフェミニンになるのか、
その分かれ道になるのが
表面の髪の長さですよね。

専門用語では「レイヤー（段）を入れる」と
言いますが、レイヤーを入れるほど、
カジュアルでボーイッシュな印象になります。

色っぽく見せたい場合はレイヤーを
控えめにして、表面の髪を
長く残せばいいのですね（A）。

美容師さんには「**表面の髪は長めに残して**
ツヤを出したい」と言えば、伝わります。

後頭部も大事！ **後頭部にふんわり丸み**があると、
上品で知的な雰囲気に見えます（B）。

カットで丸みを出すこともできるのですが、
部分パーマをかけるのもおすすめですよ。
また、えり足が刈り上がっていると、スポーティな
印象になるので、上品に見せるなら**えり足の毛は**
長めに残して首に沿わせて（C）。

ショートヘアは、横顔や後ろ姿も大事なので、
オーダーするときは、ヘアカタログのサイドや
バックの写真も見せた方がいいですね。

前髪は好みによると思うのですが、
センター分けよりナナメに流した方が、
曲線的なラインが出て
やわらかい印象になります（D）。

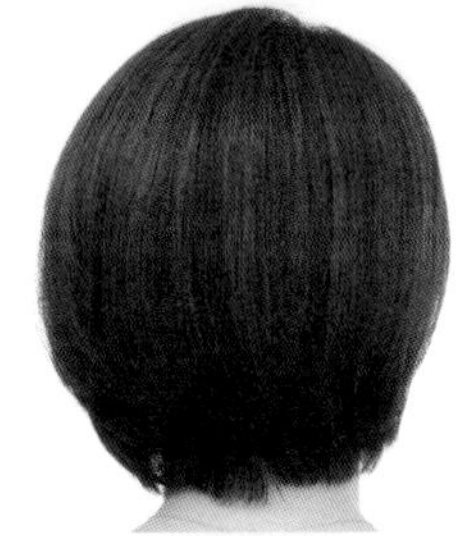
A

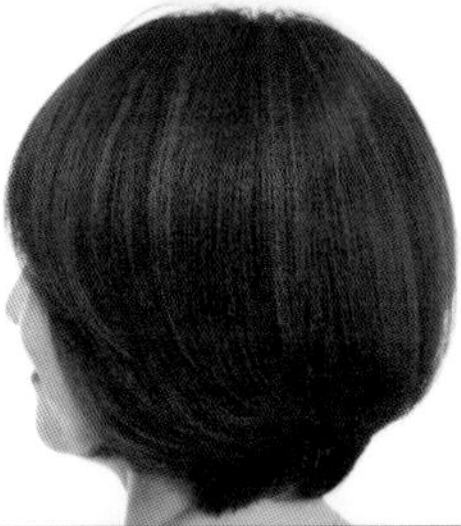
B

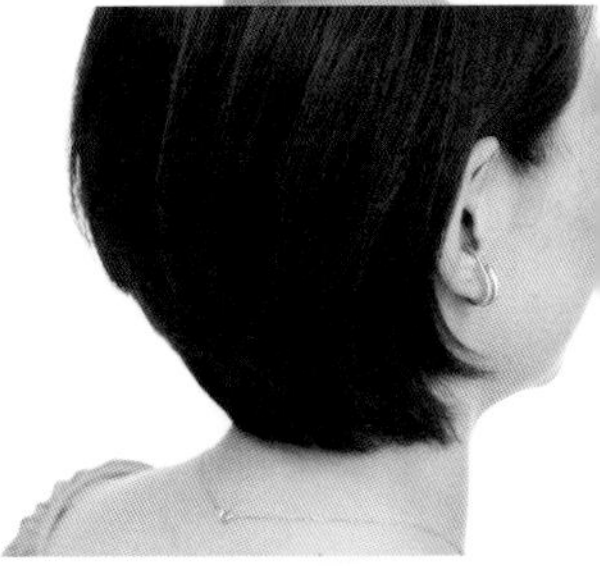
C

D

知っ得/

トリートメント不時着の悲劇を避けよ

せっかくのトリートメントが効果半減!?

どんなに高価なトリートメントを使っていても、それが「髪の毛に全然届いていない」ことがあるのをご存じですか? 髪の毛は、10万本あると言われています。びしょびしょの髪にぱぱっとトリートメントをなじませたくらいでは、10万本のうちのほとんどの毛にトリートメントが着地していないことも。

また、トリートメント選びを間違えている人もずいぶんいます。自分の髪質に合ったトリートメントを使うことも重要です。

シャンプー後、トリートメントをつける前に
水分をとりましょう!

髪がびしょ濡れのまま
トリートメントをつけても、
成分が浸透しないんですよね。

タオルでしっかり水気をきってから、
トリートメントを。
目安は握っても水がしたたらないくらい。

トリートメントをしっかり髪全体に
いきわたらせるのも大事。

目が粗いコームやブラシを通して、
トリートメントを髪の中間から毛先に
のばすようにすると、ずいぶん違いますよ(A)。

トリートメントを髪質に合ったものに
するのも大事ですよね。

ボリュームを出したいのに、
しっとり重めのトリートメントを使って
ボリュームをつぶしている人もいます。
美容師に自分の髪質を確認
してみるといいですよ(B)。

家用とサロンのトリートメントは
どんな違いがあるんですか?

わかりやすく「のり巻き」にたとえると、
家でするトリートメントは、のり巻きののり部分を
ケアするイメージ。サロンのトリートメントは、
内側のお米や具の部分に
アプローチするイメージです(C)。

わかりやすい(笑)。

A

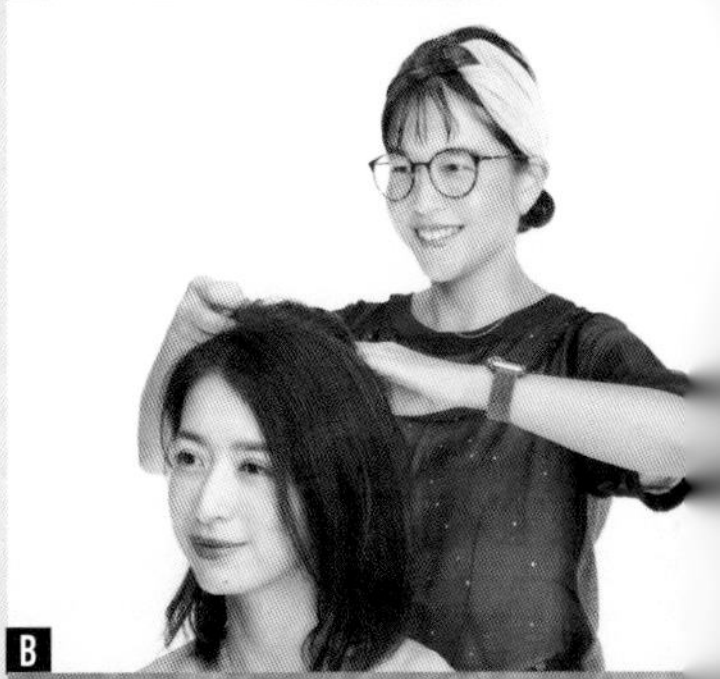

B

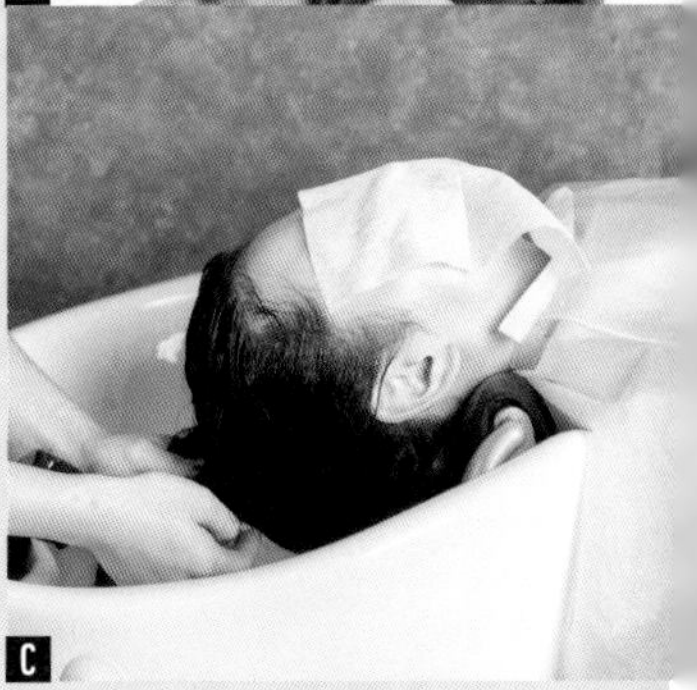

C

知っ得

どんなに毛先を伸ばしても クセは伸びない

AFTER

BEFORE

クセは根元からシャットアウトが合言葉！

朝起きたとき、前髪にクセがついてうまくとれずに髪型が決まらない人は必見。髪のクセやうねりが上手にとれないのは、クセを伸ばす方法が間違っている可能性があります。

髪のクセは、ハネたりうねった毛先にだけ水をつけたり、ストレートアイロンで伸ばしたりしてもとれません。「髪の毛は、根元の方向と逆にハネる」法則があるので、クセやうねりをとりたいときは、必ず「根元をまっすぐにする」と覚えておきましょう。

前髪のクセがうまくとれない、
前髪がうねってうまく決まらないという悩み、
よく相談されます。

たしかに前髪ってうねりやすい。
顔周りの毛って、クセが出やすい場所ですよね。
しかも目につきやすいから気になるし。

まず、これは鉄則ですが、
髪のクセは根元にアプローチしないと
とれないものです。

毛先だけ濡らして伸ばそうとしても
ダメなんですね。

そうなんです。まずは、
ハネたりうねったりしている
髪の根元部分を濡らします。

朝出かける前なら、
水スプレーが便利ですね(A)。

次に、根元にドライヤーをあてて指で
左右にこするようにして、クセをとります(B)。
その後、指で前髪の毛束を挟んで下に引っ張り、
根元部分にドライヤーの熱を与えます(C)。

髪はたんぱく質なので、熱を与えると
形が変わり、冷ますと固定されるんですよね。

そのとおりです。ですから、
温風を10秒あてたあとに、冷風を10秒あてて、
まっすぐに引っ張った髪の形状を
記憶させるのがコツですよ！

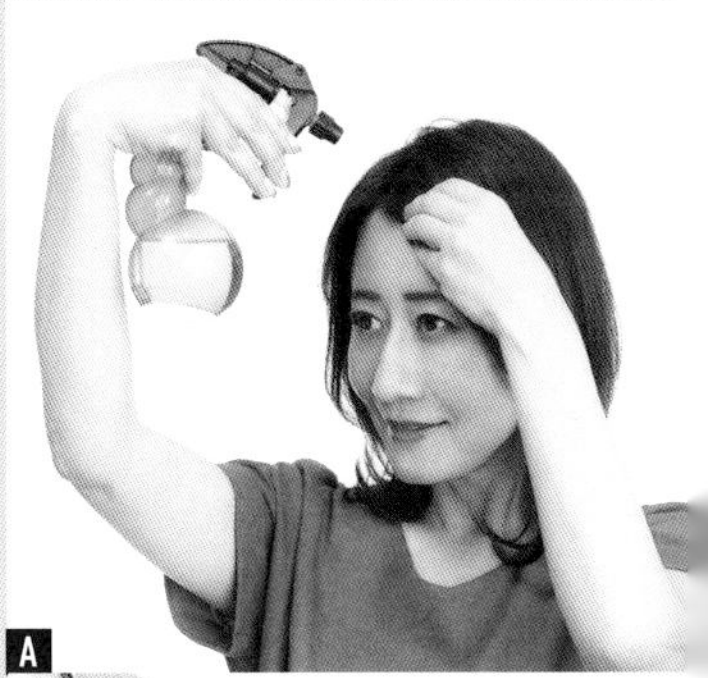

A

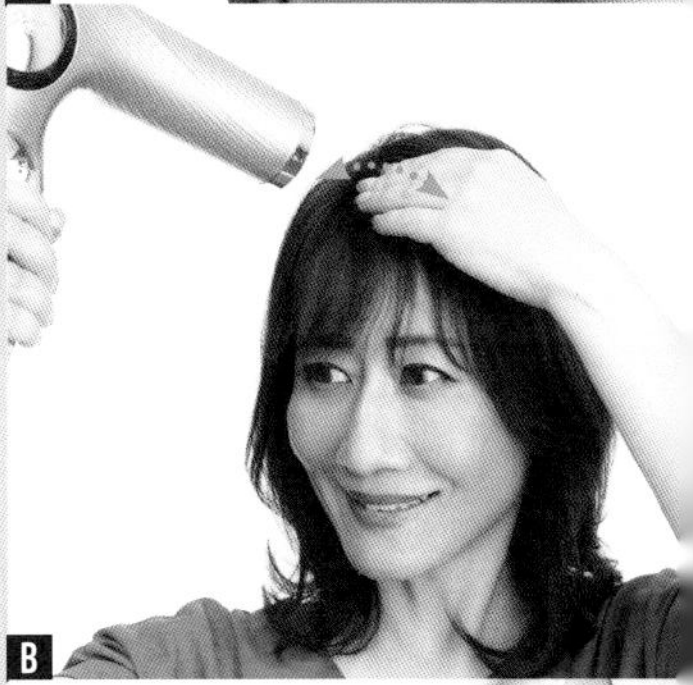

B

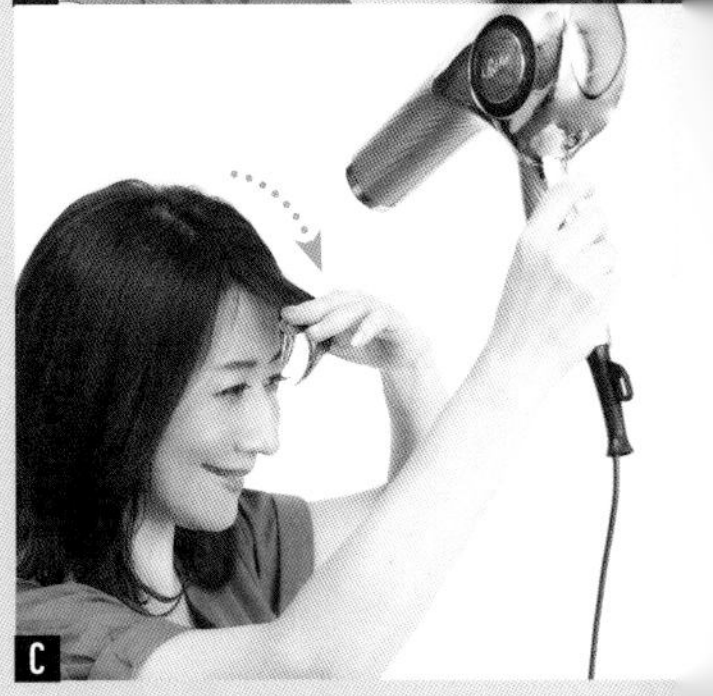

C

知っ得

似合う髪型と好きな髪型は違う

「似合う」だけでは満足できないその理由は？

髪型選びの相談でよく聞くのが「似合う髪型に出合えない」という言葉。けれども、そう言う人に限って客観的にはとても似合っていたり、その人の顔立ちや髪質を上手に活かした施術がされていたりします。では、なぜ「似合っているのに気に入らない」状況が起こるのでしょうか。

それは「似合う髪型」と「好きな髪型」は違うから。顔立ちや髪質に合うだけでは満足できないのです。では「似合う」と「好き」を両立させるオーダー法とは？

A

B

いろんなお客さまと会話をしてきて
気づいたのは、「顔や髪型に似合う」と、
「今の気分に似合う」の両方が大事ということ。

女性にとっての「似合う」は、
2つの「似合う」が必要なんですよね。

ひとつめは「顔や髪質に似合う」こと。
これはわかりやすいですよね。

たとえば丸顔だとか、エラがはっているとか、
クセ毛だとか。こういう部分に似合わせることを
「顔や髪質に似合わせる」と言います。

そしてもうひとつ大事なのが
「自分の気分や気持ちに似合う」かどうか。どんなに顔型がカバーされていても
自分が嫌いなテイストの髪型になったら嫌ですよね。
似合うのと、気に入るのは別問題。

私もカウンセリングでは、「かわいいのとカッコいいのではどちらが好きですか?」
「大人っぽいのと、若く見えるのでは?」などと質問して、
できるだけお客さまの気分や気持ちをお聞きしたいと思っています(A)。

写真でイメージ共有できると、さらにズレがなくなりますよね。

インスタグラムの保存画面などでもいいので、見せていただけるとうれしいです。
もちろん、美容院で一緒にヘアカタログを見ながら、相談でもOK!(B)

できれば**好きな写真は3枚以上見せるのがいい**です。
1枚だけだと、美容師さんも「どうやってもこの髪型にしなきゃ!」という
意識が働きやすいのですが、複数あると
「ああ、この前髪の雰囲気が好きなんだな」とか
「カール感が重要なのだな」とか、いろんなことを読み解くことができます。

知っ得

耳かけを制するものがヘアを制する

耳かけヘアはアレンジと言っても過言ではない

耳かけは、もはや「アレンジ」と言って差し支えないレベルの、イメージチェンジテクニックのひとつ。とくにショートヘアやボブスタイルの場合は、耳が出ているかどうかで、印象が激変します。

「今の髪型に飽きてきた」「今日は少し雰囲気を変えたい」。そんなときにおすすめなのが、耳かけスタイル。両方耳にかけるか、片方だけ耳にかけるか、内側だけ耳にかけるか。それだけでもイメージの違いがあるので、いろいろ試してみてください。

A

B

C

耳かけヘアって、両サイドを
耳かけするのか、片方だけ耳かけするのか
によって、だいぶ印象が違いますよね。

両方耳かけすると、すっきりした印象に。
片方だけだと、アシンメトリーのスタイルに
なるので、オシャレ感が高まりますよね！

ショートやボブはアレンジの
バリエーションが少ないと思っている人には、
「耳かけ×ピアスorイヤリング」で
遊びを入れるのもいい！
両耳かけなら小さめのピアス（A）で、
片耳かけなら中くらいのピアス（B）を選ぶと
バランスよく見えます。

髪を耳にかけて落ちてきてしまう人は
耳後ろに隠しピンをさすといいですよ。

夏などは、ピンをさして耳をしっかり出すと、
すっきり見えて清潔感もアップしますね。

もうひとつおすすめなのが、
内側の毛だけを耳にかける方法です。（C）

あ！ ヘアカタログの撮影でよくやるテクですね。

そうです。内側の毛だけ耳にかけると、耳は全開にならないのですが、
サイドにふんわり立体感が出てバランスのいい髪型になるんです。
試してみてください。

知っ得

くるりんぱだけできれば上等

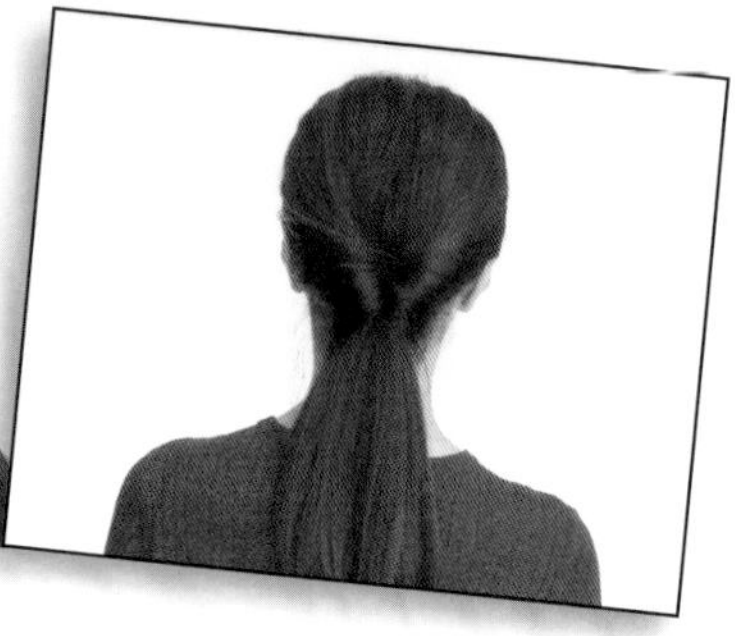

いちばん簡単いちばんオシャレなくるりんぱ

あらゆるアレンジテクニックの中で「〝簡単さ〟と〝オシャレ感〟の両方を叶える選手権」があったら、優勝は「くるりんぱ」に決まっています。ゴムで結んだあとに、毛束を上から入れるだけ。これほど簡単なのに、仕上がりは「アレンジしました感！」が満点です。

もちろん、朝にセットして出かけるのもいいのですが、外出先で髪が乱れてしまったとき、仕事のあとに予定があるときも、化粧室ですぐできるのが魅力。これさえ覚えておけばなんとかなります。

前から思っていたんですけれど、
このアレンジ、**『くるりんぱ』って命名した人、**
天才じゃないですか？

私が美容師になった頃には、
このネーミングなかったですもんね。
だれがつけたんでしょう。
最高にわかりやすい名づけ！

だれにでもできるアレンジの代表格です。
やり方を詳しくお願いします。

まずはゴムでひとつ結びをつくります。
このとき、あまり髪を引っ張らず、
少し低めの位置で結ぶのがポイントです(A)。

髪を引っ張ってきつく結びすぎると、
そのあとくるりんぱしにくくなるんですよね。

そうなんです。そして、結んだ毛束の上を
指で2つに裂いて、左右に広げます(B)。

あとは、**その間に毛束を通すだけ**(C)。
くるりんぱって、**簡単なのに、**
手を抜いて見えないのがいいところ。

お手洗いの鏡でもささっとできるので、
外出先で髪が湿気で広がってしまったとか、
風で髪がバサバサになってしまったとか、
そういうときにも役に立ちます。

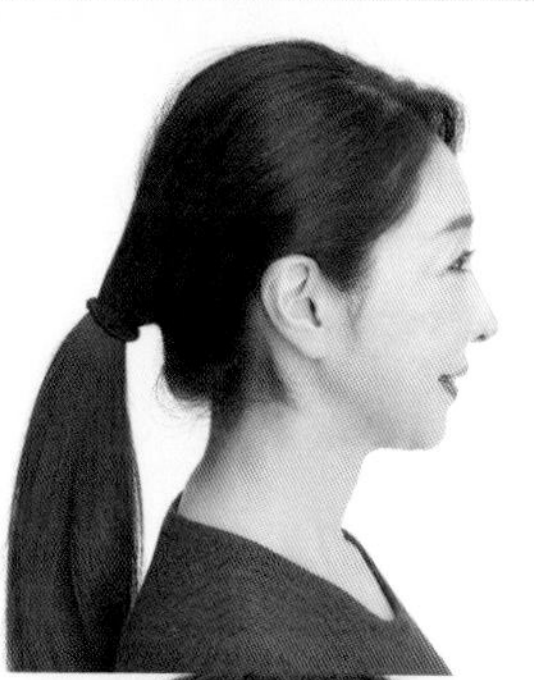

A

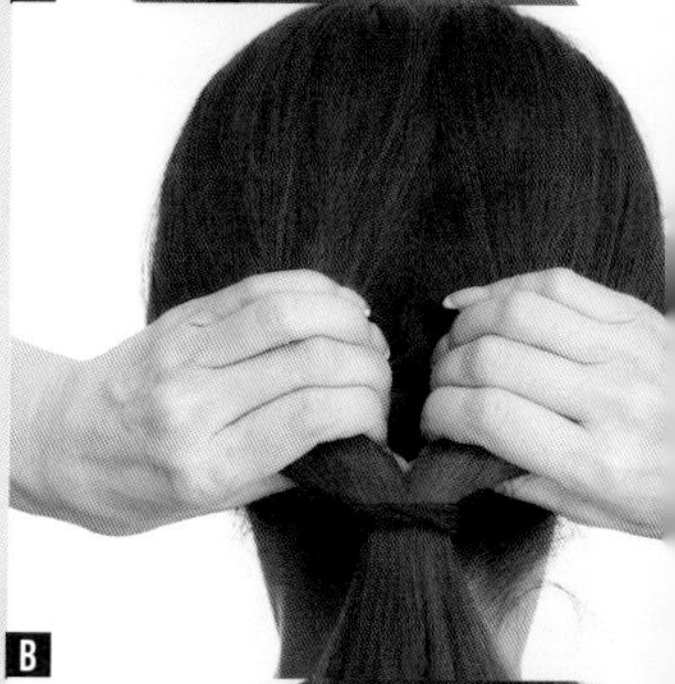

B

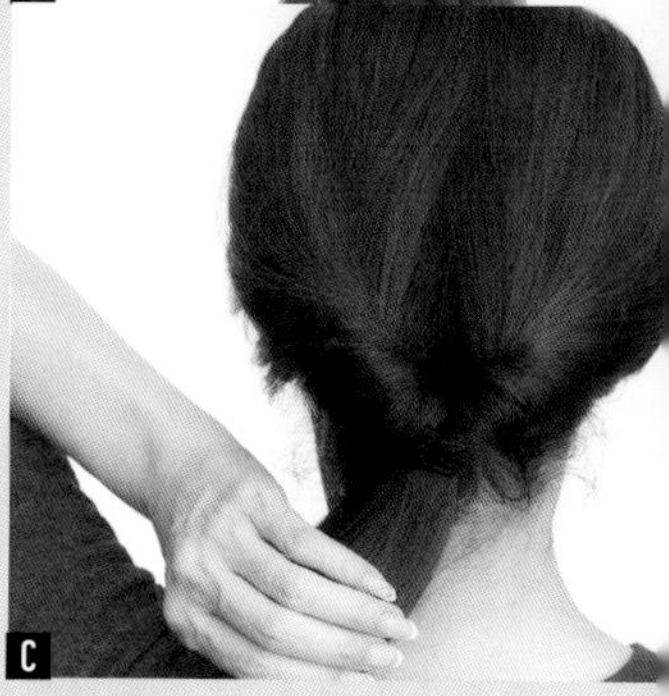

C

知っ得

白髪染め

ラスト1週間を乗りきるワザ

AFTER　　BEFORE

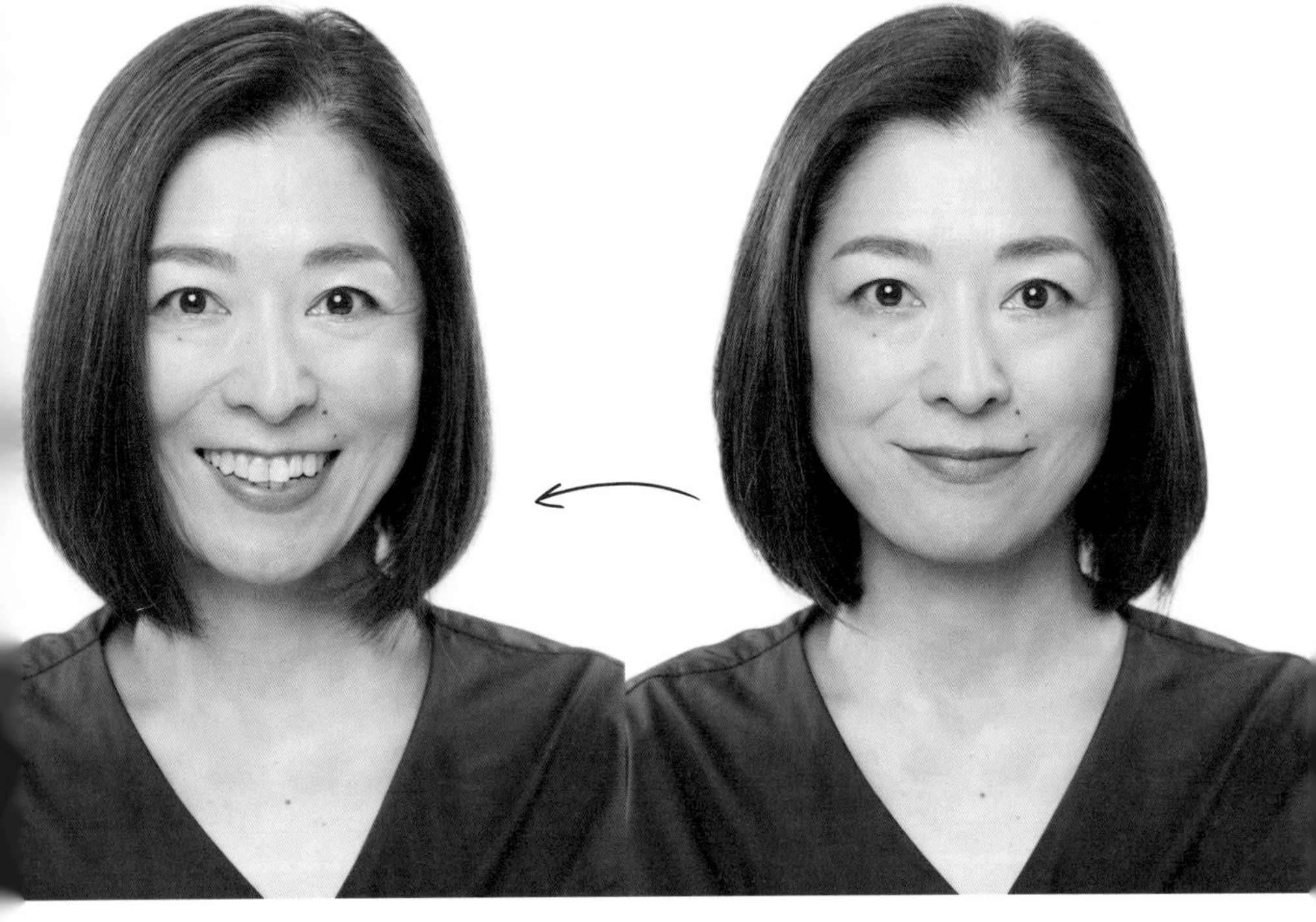

分け目ぼかしで気になる白髪を目立たせない

美容院に行けないときに、いちばん気になるのは、カラーリング。とくに、白髪が目立ってくると、気持ちも落ちやすくなります。そこで「次に美容院に行くまでの間、できるだけ白髪を目立たせなくする方法」を紹介します。

伸びてきた白髪が目立ちやすいのは、分け目の部分。その分け目をはっきりつけてしまうと、白髪だけでなく根元のプリンも目立ってしまいます。次の美容院までのラスト1週間、分け目を見せないスタイリングしましょう。

分け目を「見せない」というのは、
つまり、分け目を「ぼかす」んですよね。

そうです。**分け目をジグザグにとって、**
根元を見せないようにすれば、
白髪が目立ちにくくなります。
分け目をジグザグにとる方法は2つ。
ひとつは、指を使ってジグザグにする方法（A）。

もうひとつは、コームの柄の部分を
使ってジグザグにする方法ですね（B）。

どちらでもいいので、
ご自身がやりやすい方法で
やってみてください。

ジグザグにラインをとると、
こんな感じになりました。根元が見えにくくなり、
白髪も目立ちにくくなりましたね（C）。

これだけではすぐに元の分け目に
戻ってしまうという人は、**キープスプレーを**
かけてキープするといいですよ（D）。

これをするだけで、前から見たときの
白髪の目立ち具合が全然違いますね！

白髪だけではなく、薄毛が気になる場合も
おすすめです。分け目をぼかすことで
トップのボリュームがアップして、
目立ちにくくすることができます。

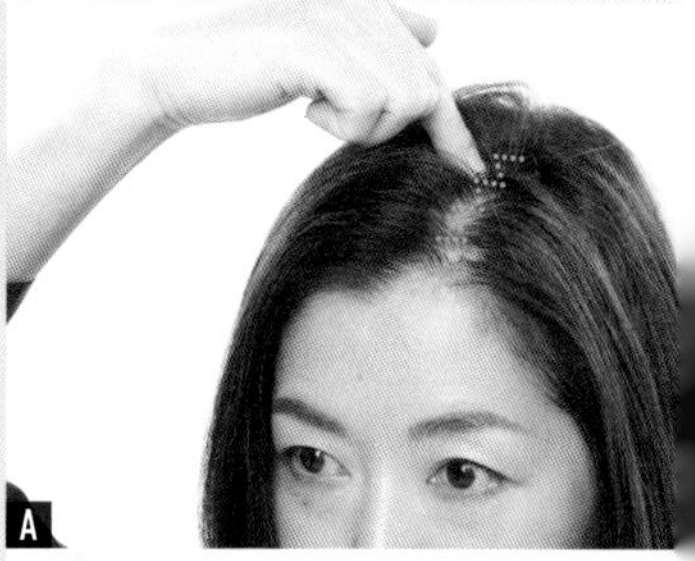
A

B

C

D

知っ得

若さ重視？ 落ち着き重視？
結ぶ位置で印象激変

AFTER

BEFORE

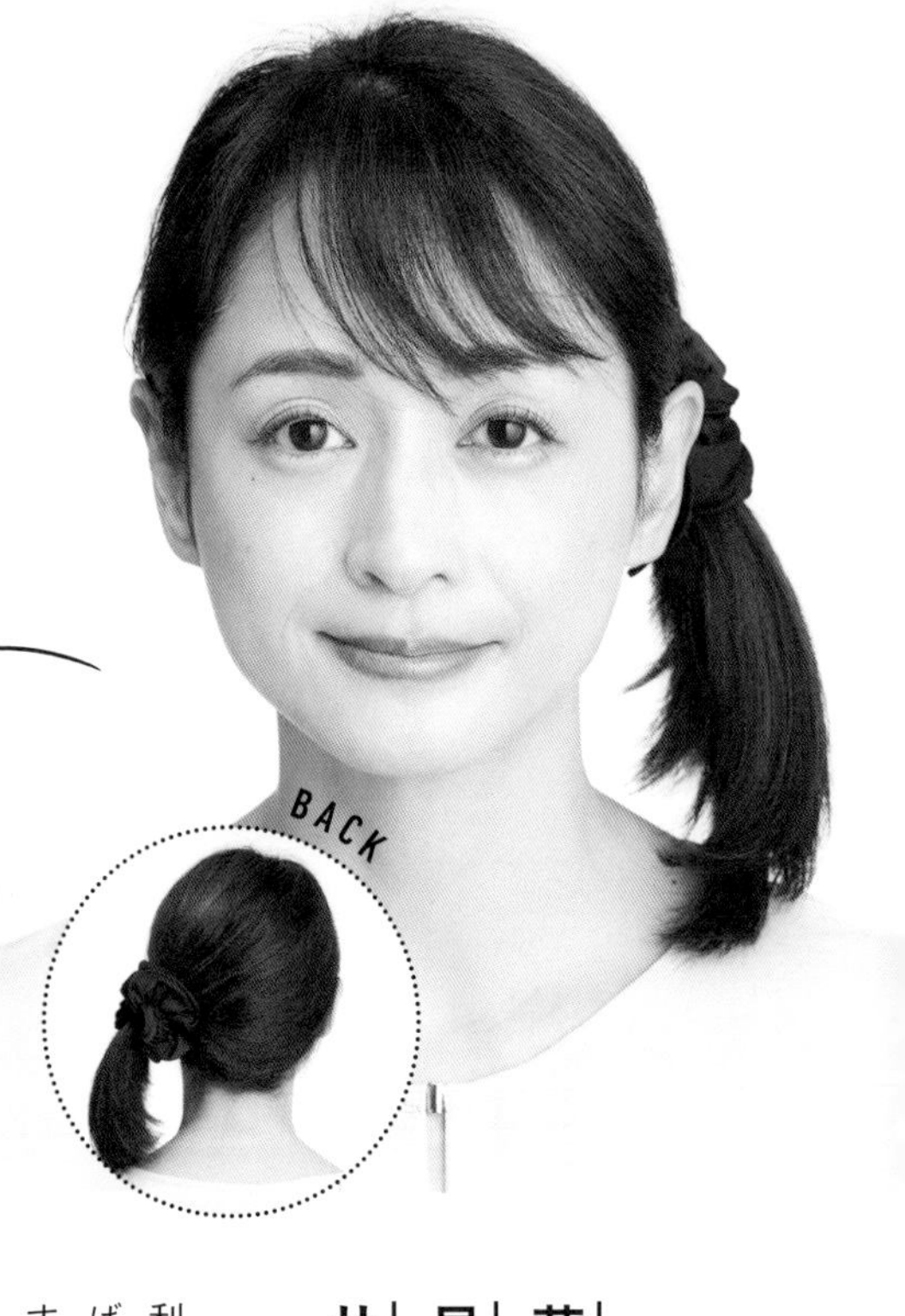

若づくりに見えない サイド結びのコツ

簡単に髪をまとめたいときに便利な「サイド結び」。ひとつ結びばかりのマンネリも防いでくれます。ただ、一歩間違えると若づくりに見えてしまうことも。

基本は「高い位置で結ぶと若見え」「低い位置で結ぶと落ち着く」と覚えてください。ただ、大人女性の場合は、あまり高い位置で結んでしまうと、バランスが悪く見えます。サイド結びの場合は、首に毛束が沿うくらいの低めの位置で結びましょう。そうすると、上品さが出ます。

大人でもサイド結び、
やっていい感じですか？

全然アリですよ。
シュシュなどを合わせると、
華やかだし、オシャレですよね。

ただサイド結びは、バランスがいいと
すごく素敵だけど、ちょっと間違うと
きゃぴっとしてしまう気がする。

たしかに、バランスのとり方には
ポイントがあります。まず、コツは、
毛束を首筋に沿わせることなんです。

首から離れると、たしかにちょっと
「若づくり感」が出てしまいますね（A、B）。

結ぶ位置を少し低くして、
自然と首に沿うようにすると、
バランスよくなります（C、D）。

おお！ 急にしっとりした
雰囲気になりました。

大人の女性がサイド結びをするのであれば、
耳よりもちょっと下くらいを目安に、
毛束がぴょんと浮かない位置で結ぶといいです。

それでも首筋から
浮いてしまうようだったら？

根元にピンなどをさして、
毛束が浮かないようにすれば、
おさまりがよくなります。

A

B

C

D

知っ得

美容院は「人の紹介」で行く

ネットもいいけど いちばん 失敗しないのは？

「失敗しない美容院&美容師の選び方」をよく聞かれます。ネットで探す場合は、モデルさんのイメージ写真ではなく、実際のお客さまを切った写真が素敵かどうかで選ぶと失敗しにくくなります。

また、美容師さんとノリが合わないと相談しづらいので、インスタグラムやツイッターなどで、どんなタイプの美容師さんか、先にチェックしておくのも◎。

でも、それよりなにより！　いちばん失敗しにくいのは「人の紹介」です。なぜ人の紹介がよいかと言うと…？

美容師選びを相談されたら
「**自分がいちばん好きな髪型の知り合いに紹介してもらう**のがいい」と
伝えています。

それ、絶対間違いないですね。私も大賛成です。

理由は2つあって、ひとつめは、「知り合いの髪型が素敵＝
その美容師さんが、そのテイストが得意である可能性が高い」から。

もちろん、プロなのでどんなテイストもできなくてはいけないのですが、
得意なジャンルやテイストはありますもんね。

なので「**知り合いの髪型がイケている＝そのジャンルやテイストの髪型が得意**」
である可能性が高いんですよね。

もうひとつの理由は？

「ご紹介のお客さま」って、美容師さんは、
いつも以上に気合入るでしょ？

そうですね。もちろん、いつも一生懸命接客させていただいていますが、
ご紹介でご来店くださる方には、いつも以上に
「**ご紹介くださった方のお気持ちにこたえたい**」と思います。

美容師さんも人間ですから紹介はうれしいものなんですよね。
友達からの紹介で美容院に行くとはりきってもらえると感じます。

知っ得 1

女は夏に 2歳老ける

夏の頭皮ケアが薄毛や乾燥を防いでくれる

日差しが強い季節、肌の紫外線ケアはしっかりやっているのに、髪は無防備という方は意外と多い！でも、頭皮だって紫外線のダメージを受けます。

夏に頭皮が紫外線のダメージを受け続けると、秋に髪が抜けやすくなります。紫外線があたることで頭皮の老化が進行し、薄毛や白髪、乾燥といった症状を引き起こすことも。

よく「女は夏に2歳老ける」と言われることがあります。紫外線対策、大事です！

まず皆さんにやってほしいのが、
分け目をぱっくりつけないこと。
分け目部分に紫外線が集中するので、
頭皮に紫外線ダメージが蓄積して、
ここから髪が抜けやすくなるんです。

コームでジグザグにラインをとったり、
指で分け目をこするようにして
分け目をぼかすといいですね(A)。

ワックスやバームをつけて髪に手グシを
通しながら分け目をぼかす方法も(B)。
また、分け目をなくした状態で
髪を結んでしまうのもおすすめです(C)。

なるほど！ 結んでしまえば、
強制的に分け目をなくした状態を
キープできますね。

髪を洗ったあと、**乾かす前に**
アウトバストリートメントを使うだけでも、
紫外線カバーになります(D)。
最近はSPF入りの
アウトバストリートメントもあります。

髪と頭皮用の日やけ止めスプレーも
最近増えてきましたよね。

おすすめなのは、髪だけではなく
肌についてもよいタイプのスプレー。
頭皮も首回りも一緒に日やけケアできます(E)。

もちろん、日傘や帽子も効果大なので、
併用してくださいねー！
夏のダメージを最小限にすると
秋の抜け毛も減ります。

A

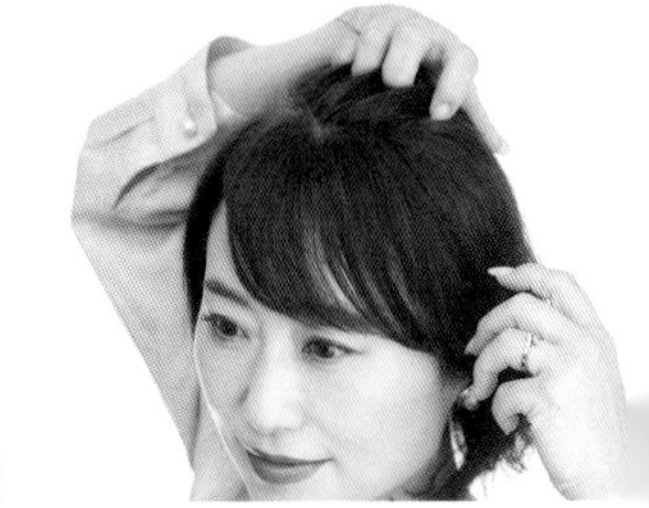

B

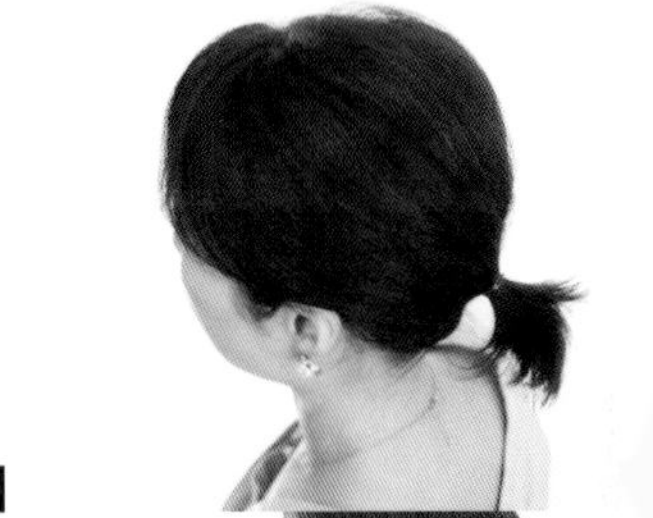

C

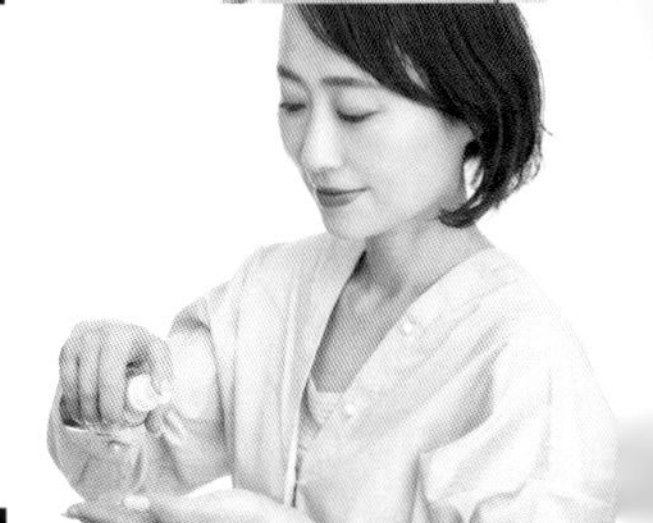

D

E

知っ得

ドライヤーの冷風は扇風機代わりではない

AFTER

BEFORE

冷風は髪を固定するものと心得よ！

ドライヤーの冷風ボタン、使っていますか？ アレ、暑い日の扇風機代わり機能ではありません。

髪の毛はたんぱく質なので、熱を与えると形が変わり、冷ますと形が固定される特徴があります。ですから、最初にまっすぐに引っ張りながら温風をあててクセを伸ばし、そのあと冷風でまっすぐに伸びた状態を固定すると、クセが伸びます。逆に、指でねじってカールをつけ、温風から冷風をあてると、カールが固定されます。冷風を上手に使い倒して！

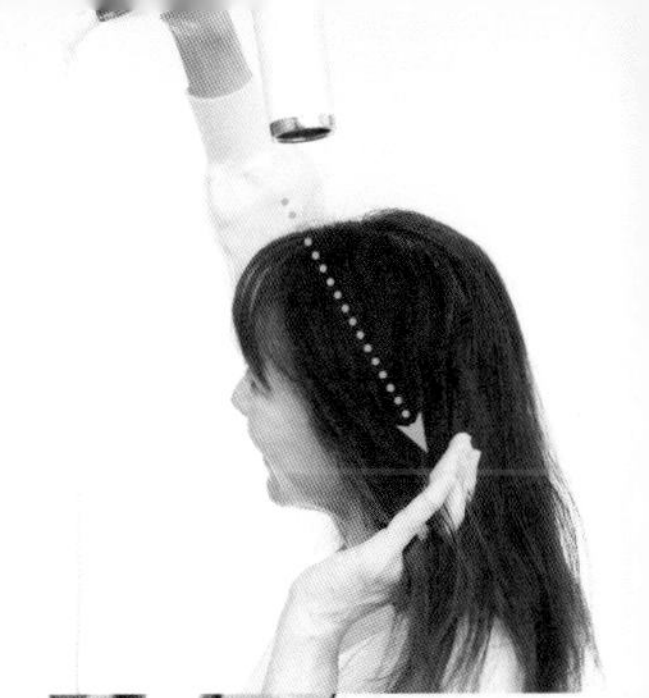

A

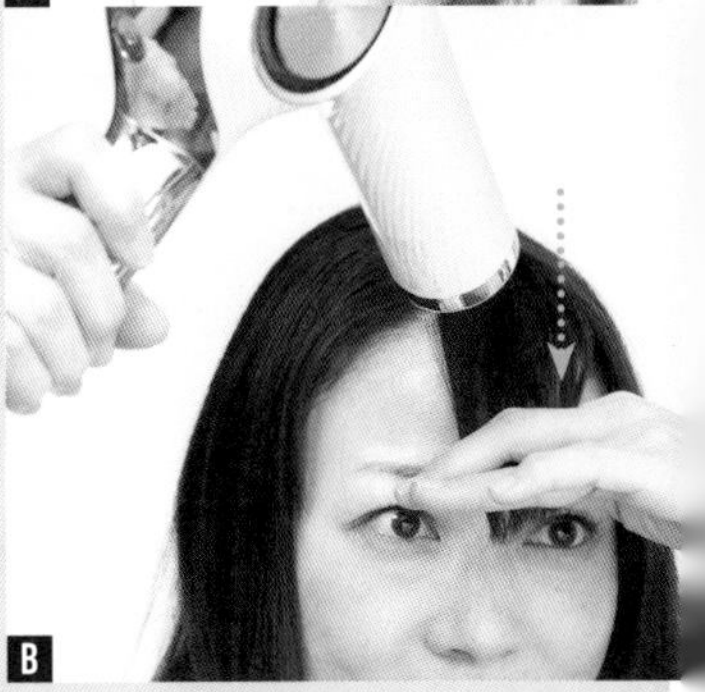

B

髪のクセやうねりを伸ばしたい人は、
ドライヤーの冷風をうまく使ってほしい。
とくに梅雨時期はうねりが気になりますよね。

こういうときは、髪が8割方乾いたところで、
サイドやバックの髪に**手ぐしを通して、**
少し引っ張りながら乾かすと
おさまりがよくなります（A）。

毛先だけを直そうとしてもダメなんですよね。
根元部分からクセをとる必要があります。

そう。だから、乾ききっていない状態で、
髪の根元がしっかり下を向くように
乾かしていくのがコツです。

あとは、前髪や顔周りのクセですよね。
ここがうねると全体的に疲れた印象になりやすい。

前髪と顔周りは、先ほどのように手ぐしを通して少し引っ張りながら乾かします。
そのあとさらに指で毛束を挟んで下に引っ張って、ドライヤーの温風をあてます。
うねりやすい根元と中間部分に温風を10秒ほどあてたら、冷風を10秒ほど（B）。

冷風がポイントですね。

冷風で髪を冷ましたときに、まっすぐに伸びた形状を記憶します。
だから冷風が重要なんです！

一生使える髪の乾かし方の基本

「風は根元から毛先」で髪のパサつきを防ぐ

多くの人は髪の乾かし方を間違えています。いちばん多い間違いは、ドライヤーの風を下からあててしまうこと。こうすると、髪の表面にあるウロコ状のキューティクルをめくってしまうので、髪がパサついて傷んでしまいます。いつでも、風は根元から毛先にあてて、キューティクルのウロコを整えるように乾かしましょう。

1 毛先は乾燥しやすいので、最初に乾かすのは根元。まずは根元中心にドライヤーの熱をあてます。ドライヤーのノズルは外して使いましょう

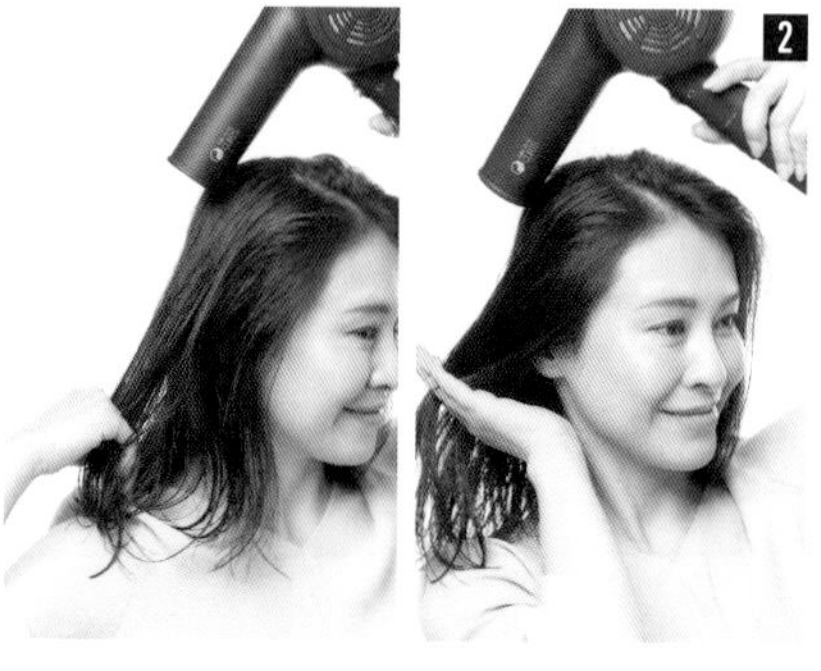

2 中間から毛先を乾かす。内側におさめたいときは内側から指を差し入れて（右）、外ハネにしたいときは、手首を返すように風をあてる（左）

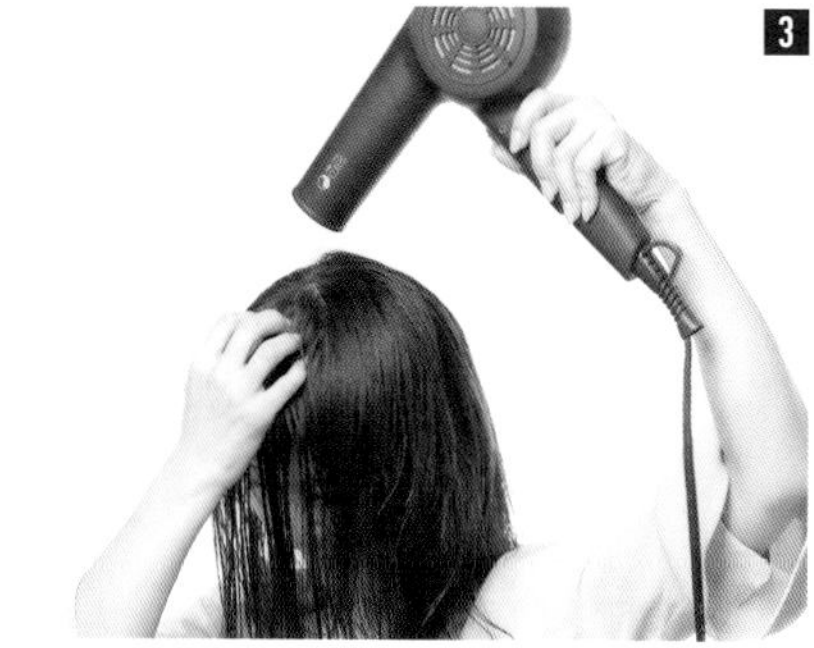

3 前髪は根元部分の地肌をこするようにして乾かします。髪が濡れている状態でこするのがコツ。前髪のクセが強い人は最初に乾かして

4 クセを伸ばしたいときは、指先で髪をピンと引っ張りながら根元に温風を10秒ほどあて、そのあと冷風を10秒あてるとクセが伸びます

3章

お金を投資してでも やってほしい 老けて見えないコツ

髪は、肌以上に変化が早く目に見えやすいものです。
ここにはぜひ投資してほしい。
そして、投資の効果が絶大！と
自信を持っておすすめできる
商品や美容院のメニューをお伝えします。
手っとり早く、若見えしましょう！

投資

白髪は隠さずにぼかすべき

「#脱白髪染め」「#白髪ぼかし」を知っていますか？

最近インスタグラムなどSNSで話題なのが「脱白髪染め」と「白髪ぼかし」のハッシュタグ。これは、白髪を真っ黒に染めるのではなく、むしろ明るい髪にして白髪を目立たなくしようというデザインカラーの提案です。黒い画用紙に白いクレヨンで線を引くと目立つけれど、ベージュの画用紙に白いクレヨンで線を引いた場合は目立ちません。同じようにベースの色を明るくして、ハイライトなどを入れれば白髪は断然目立ちにくくなります。

最近よく言われる「脱白髪染め」や
「白髪ぼかし」は「白髪染め（グレイカラー）」を
使わない方法を指すんですね。

そのとおりです。白髪を一度ブリーチすると、
普通の髪と同じようにいろんな色が入ります。
明るい色にもできますよ。

とくにハイライトを入れる施術が人気ですよね。

はい。**細かく分け取ったハイライト部分だけ
ブリーチ**したあとに、全体をオシャレ染めで
染める施術です。ブリーチされた白髪は染まり、
ブリーチされなかった白髪も全体が明るいから
あまり目立たなくなるんです。

ハイライトは、**毛束を縫うように**
とるんですよね（A）。

**分け取った部分だけ、
アルミホイルの上に置きブリーチ**します（B・C）。

この作業で、髪の表面全体に、
明るくなる細い毛束が
たくさんできるんですね。

明るい毛束をつくって
白髪を目立たなくすることもできますし、
さらに上からオシャレ染めをのせて
ブリーチされた白髪も染めることもできます。

全体を白髪染めで染めるよりも、
透明感があっていいですよね。

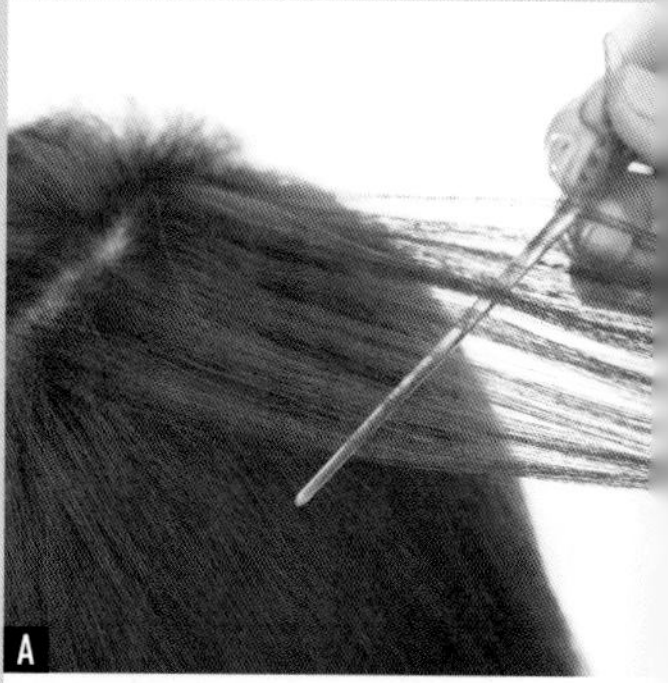

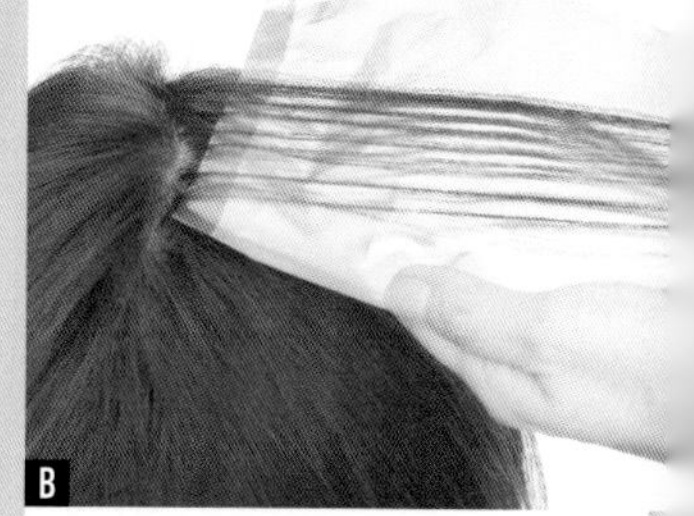

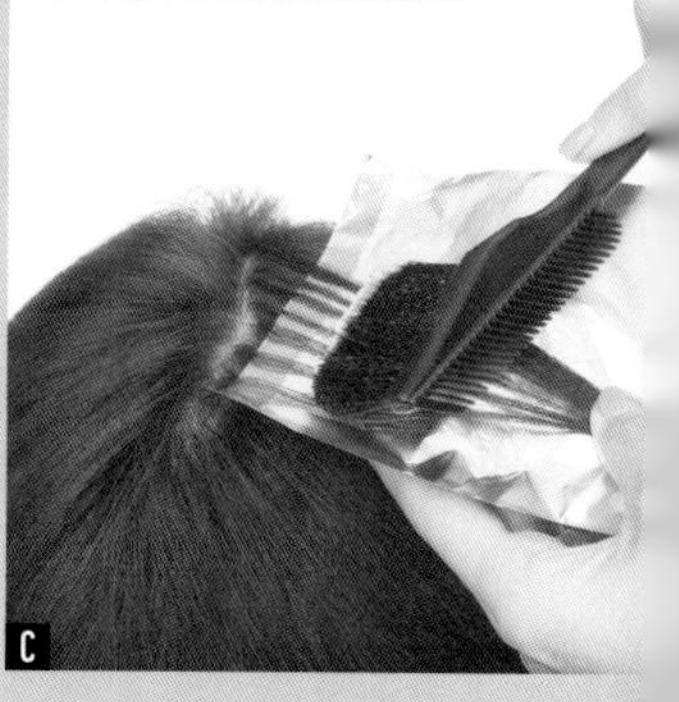

投資

まず買うべきは ストレートアイロン

SIDE

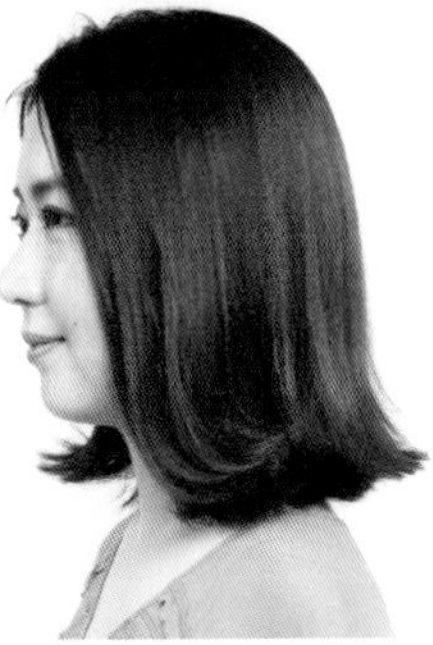

BACK

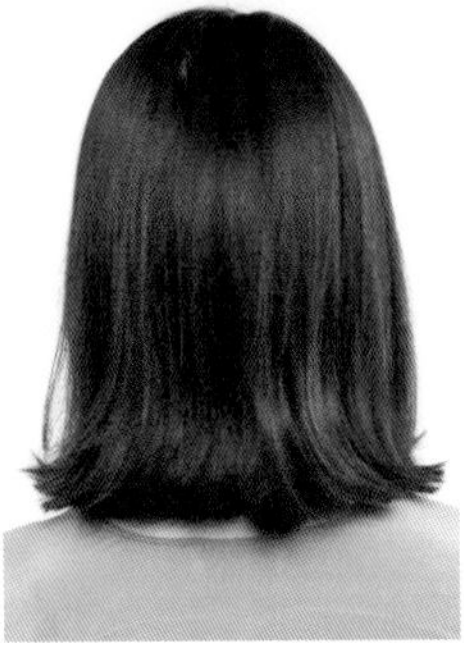

FRONT

不器用さんなら ストレート アイロンを選んで

髪に大事なのは「水分」。熱は大敵と思っている人は多いですが、実は髪のツヤは熱によって生まれます。熱を与えてキューティクルのウロコをとじることで、ツヤ髪が手に入るわけです。

　ですから、アイロンはぜひ1本持っておきたいのですが、おすすめはストレートアイロン。ストレートアイロンは熱が入る部分が内側なので、カールアイロンのように首やおでこを火傷することが少ないうえ、カールもつくれるのでおすすめなのです。

八木ちゃんは、お客さまにも
ストレートアイロンをよくおすすめしていますよね。

ヘアスタイルにもよりますが、
カールアイロンでスタイリングするよりも、
ストレートアイロンでスタイリングする方が
簡単なんですよね。

ヘアの撮影現場でも、ちょっとしたカールは、
ストレートアイロンを使うことが多いですよね。

とくに、ボブやショートの毛先のニュアンス
づくりには、ストレートアイロンがぴったり。
まずは、巻く前に髪全体を
ブロッキングします(A・B)。
写真の長さだと、髪を前と後ろに分け、
後ろはさらに上と下に2つに分け、
計6か所くらいがベスト。

ストレートアイロンはどのように使えばいい?

耳下くらいから毛束を挟み、
ゆっくり毛先まで滑らせます。これで
キューティクルが整って髪がツヤツヤになります。
毛先は、手首を返すようにして
外ハネをつくって(C)。

かなりゆっくりアイロンを
滑らせるのがコツですね。

最後はワックスのついた手で毛先を握って
引っくり返すように外ハネをキープします(D)。

A

B

C

D

次のページでストレートアイロンでのセットテクニックを紹介

投資

ストレートアイロンでここまでできる!

毛先までツヤツヤの内巻きスタイリング

1

中間から滑らせる

髪を8か所くらいに小分けにして、毛束を手で取ったら、中間から毛先に向かってストレートアイロンをゆっくりと滑らせます

2

毛先を内巻きに

毛先まで到達したら、手首を内側に返して内巻きにする。それ以外の場所も同じように、中間からアイロンを滑らせて内巻きにして

3

前髪を立ち上げる

前髪の中間をアイロンで挟んで上に立ち上げ、後ろ側にアイロンを倒しながら毛先まで通す。そのあと指で流すと、きれいなカールに

HOW TO

ロングヘアもショートヘアも、
ストレートアイロンだったらスタイリングがラクちん。
一度使うと手放せなくなります

ショートでも華やかな
外ハネスタイリング

1

前髪はナナメに流す

最初に前髪にマジックカーラーを巻いておく。カーラーを外したら、指でナナメに流し、やわらかい毛流れをつくっておきます

2

毛先はアイロンで

ストレートアイロンで、フェイスラインの髪の毛先を外ハネに。髪が短いほど、ストレートアイロンの方が使いやすい。サイドの髪を耳にかけ完成

HOW TO

投資

梅雨時期のアホ毛は油分でフタをする

AFTER　　BEFORE

水分の出入りが髪が広がる大きな原因！

髪がまとまらない、広がってしまう、すぐクセが出てしまうなど、問題が起きがちな梅雨の季節。これは湿度の高さが関係しています。湿度が高いと、髪に水分が出入りしやすくなり、そのたびに髪のもともとのクセが出たり、一度スタイリングしたアホ毛がまた出てきてしまったりするのです。

それを防ぐためには、油分を髪に与えて、水分の出入りを防ぐこと。ほかの時期よりもスタイリング剤をたっぷりとつけて。

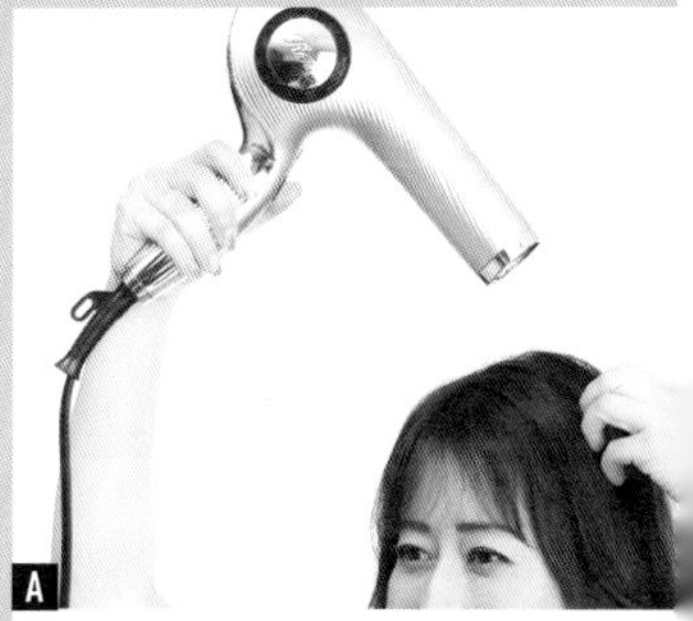

A

B

C

D

左から、オージュア クエンチ セラム 100㎖ ￥2860（ミルボン／サロン専売品）、ソルティール ナチュラル ワックス 80g ￥1650（タマリス）、トリエ スプレー 10 170g ￥1760（ルベル／サロン専売品）

大事なのは髪を乾かすとき！
洗い流さないトリートメントや保湿効果のある
オイルなどをつけてから乾かすこと（A）。

そうすると、**髪に水分が出入りしにくくなり**、
アホ毛が少なくなるんですね。この時期は、
髪に油分を与えてフタをするという意識が大事。

髪が乾いたら、ヘアクリームやバームなどの
スタイリング剤をつけてください。

普段このようなスタイリング剤は、
毛先にしかつけないことが多いけれども…。

梅雨時期は、スタイリング剤を中間から
毛先につけたあと、**手に残ったクリームや**
バームを髪の表面にも
薄くつけるのがコツです（B）。

それでもアホ毛が出てしまうという人は…？

梅雨時期のしつこいアホ毛の場合、
コームでアホ毛をおさえながら、
スプレーをかけるといいでしょう（C）。

❶洗い流さないトリートメント、❷ヘアクリームや
バーム、そして仕上げの❸スプレーの
３点セットで、がっつり髪に
フタをするイメージですね！（D）

投資 /

不器用さんなら R《ロール》・B《ブラシ》・I《アイロン》一択!

AFTER　**BEFORE**

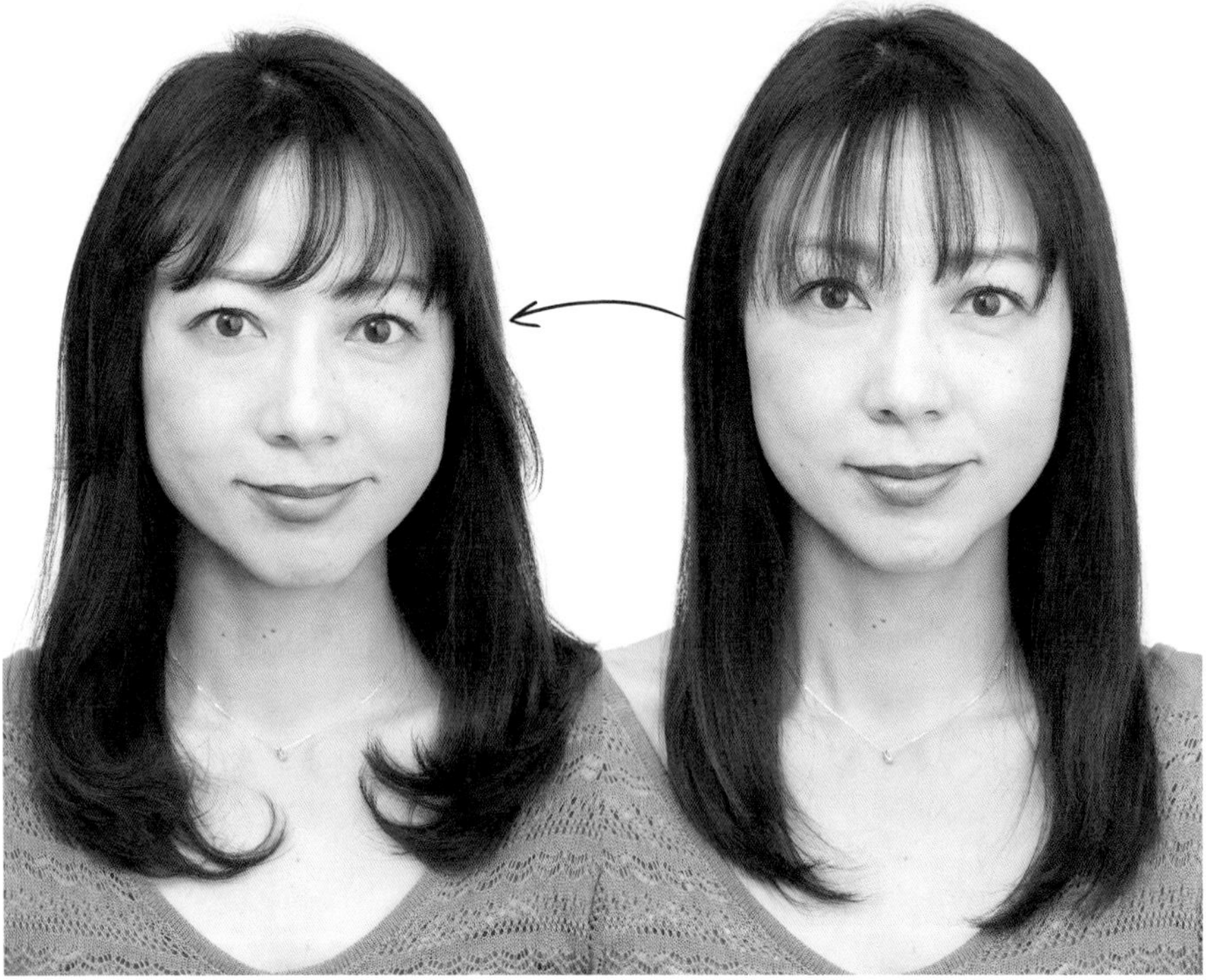

火傷しない!
操作簡単!
RBIは神!

さとゆみが、あまりの使いやすさに感動して、自分用以外に6本も購入したロールブラシ型のアイロンについて語らせてください。98ページでストレートアイロンが使いやすいと伝えましたが、さらにさらに不器用さんには、このロールブラシアイロンがおすすめです。ブラシの中心部分だけに熱が通っているので、アイロンを手で持っても火傷しないすぐれもの。トップや前髪のような短い毛も安心して巻くことができます!

クレイツ ロールブラシ キャッチ＆カール
26㎜ RCIR－G26FP 10780円（クレイツ）

A

私のイチオシです（A）。

ゆみさん、これ、すごくお気に入りですよね。

いろんなアイロンブラシが出ていますが、
私が好きなのはクレイツのものです。
こんなふうに、**ブラシを通す感覚で髪を**
とかすだけで、ツヤツヤになるんですよね（B）。

顔周りのサイドの毛は外方向に巻きましょう。
アイロンに手を添えられるのもいいですね（C）。

ただツヤ出しをするだけではなくて、
こういったサイドの外カールみたいなクセづけも
ちゃんとできるんですよね。

前髪もアイロンで巻いてしまいましょう。
カールアイロンで前髪を巻くのはおでこに
あたらないようにするのが難しいですが、
ブラシ型アイロンだとしっかり巻き込んで
クセがつけられます（D）。

とくに前髪が短い人は、
安心して使えていいですね。

前髪を巻いたあとは、指でナナメに流します（E）。
前髪の曲線が強調されると、
エレガントな雰囲気になります。

普通のストレートヘアが見違えますね。
不器用な人におすすめのアイテムです。

B

C

D

E

投資

服だけでなく 髪も衣替え

AFTER　　BEFORE

オシャレな人は季節に合わせて髪型を変えている

ファッションだけではなく、髪でも季節感を表現できるようになったらオシャレ上級者！　季節の変わり目は、服を衣替えするように、髪も衣替えしましょう。ポイントになるのは、①カラーリング、②レイヤーの高さ、③スタイリングの方向性の３つ。

今回は「春夏におすすめの髪の衣替え」を紹介しますが、秋冬であれば、この逆を試してみてください。髪に季節感が出ると、服装までぐっとオシャレに見えますよ。

春夏になると、洋服の素材が軽くなったり、
色も鮮やかになったりするので、
それに合わせてヘアチェンジすると、
オシャレ感がアップしますよね。

髪の季節感は①カラーリング、②レイヤーの高さ、
③スタイリングの方向性に出やすいと思います。

カラーリングに関して言うと、
夏服は素材も色も軽やかだから、
カラーリングも少し明るめにすると
バランスいいですね。

普段の自分の髪色から、1〜2トーン明るくする
だけでも、だいぶさわやかで軽い感じに（A）。

A

暖色系から寒色系にするのもいいですよね。
秋冬はこの逆で。

また、レイヤーを高くするのもおすすめです。

レイヤーというのは段のことですよね。
レイヤーを入れる位置を高くすると、
毛先が動きやすくなると思っていい？

はい。秋冬はしっとりまとまった
レイヤーの低いヘアがおすすめなのですが、
春夏は**動きが出るようにレイヤーを
少し高め**に入れるのがいいですよ（B）。

B

スタイリングの方向性はどうでしょう？

春夏は元気な印象にしたいので、
外ハネもおすすめです！（C）

C

COLUMN

一生使える頭皮ケアの基本

頭皮ケアを始めるには早いに越したことはない

頭皮用の美容液や育毛剤というと、まだ早いと思う人も多いかもしれません。でも、大人の女性ならもれなくやりましょう。頭皮も肌の一部なので、顔と同様にケアが必要。予防の意味でも若いうちから、頭皮をケアするのがおすすめです。じつは、40代、50代で髪がきれいな女性美容師さんは、30代から頭皮ケアをしている人が多いのです。

1

頭皮用美容液や育毛剤は、ミストスプレータイプやムースタイプが使いやすい。頭皮から2cmくらいの距離で、10〜15プッシュほどスプレー

2

頭皮全体にいきわたらせるようになじませます。指の腹を使ってマッサージしましょう。生え際や耳後ろのリンパが通るところなどを重点的に行って

3

マッサージ用のブラシを使うことで、頭皮の血行を促進。毛の先端が丸くなっている頭皮用のブラシを使って。電動タイプもおすすめです

八木ちゃんおすすめの美容液。左から、オージュア・フォルティス ルミナスショット100mℓ ￥7370（ミルボン／サロン専売品）、ヒュウケア　スカルプセラム120mℓ ￥6380（ナンバースリー）

4章

毎日同じ髪型から印象激変 大人のヘアアレンジ

大げさなヘアアレンジはいらないけれど
ささっと手早く髪をまとめたり
なんだかちょっとオシャレに巻いたりしたい。
ここで紹介するのは、テクニックいらずで、
簡単なのに凝って見える優秀アレンジ。
マンネリ防止にぜひ取り入れてみて。

アレンジ

短くてもまとめたい

ハーフアップ

BACK

BEFORE

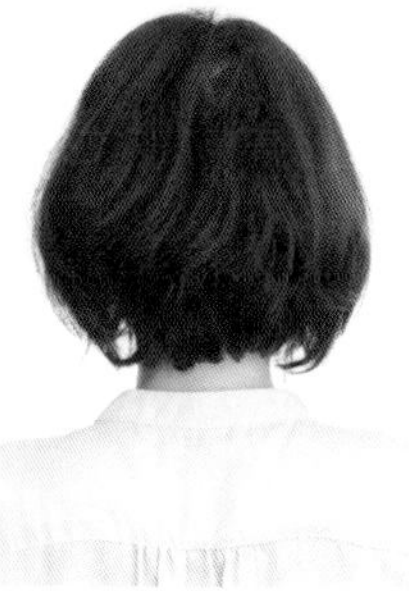

1

ワックスをつける

ハーフアップは耳上の毛をまとめる。まとめる前にソフトワックスやバームをつけて髪に引っかかりを出しやすくするのがコツ

2

ピンでまとめる

耳上の毛をひとつにねじり上げ、ピンを下から上にさす。短い人はゴムで結ぶと毛が立ってしまうので、ピンの方がうまくまとまります

3

後頭部を引き出す

まとめ髪はトップにボリュームを出すことを習慣化して。ピンでとめたところを指でおさえながら、後頭部の毛束を引き出します

ボブの長さがあればできるハーフアップと
ひとつ結び。短くてもバランス良く見せる
コツは、後頭部のボリュームにあり！

ひとつ結び

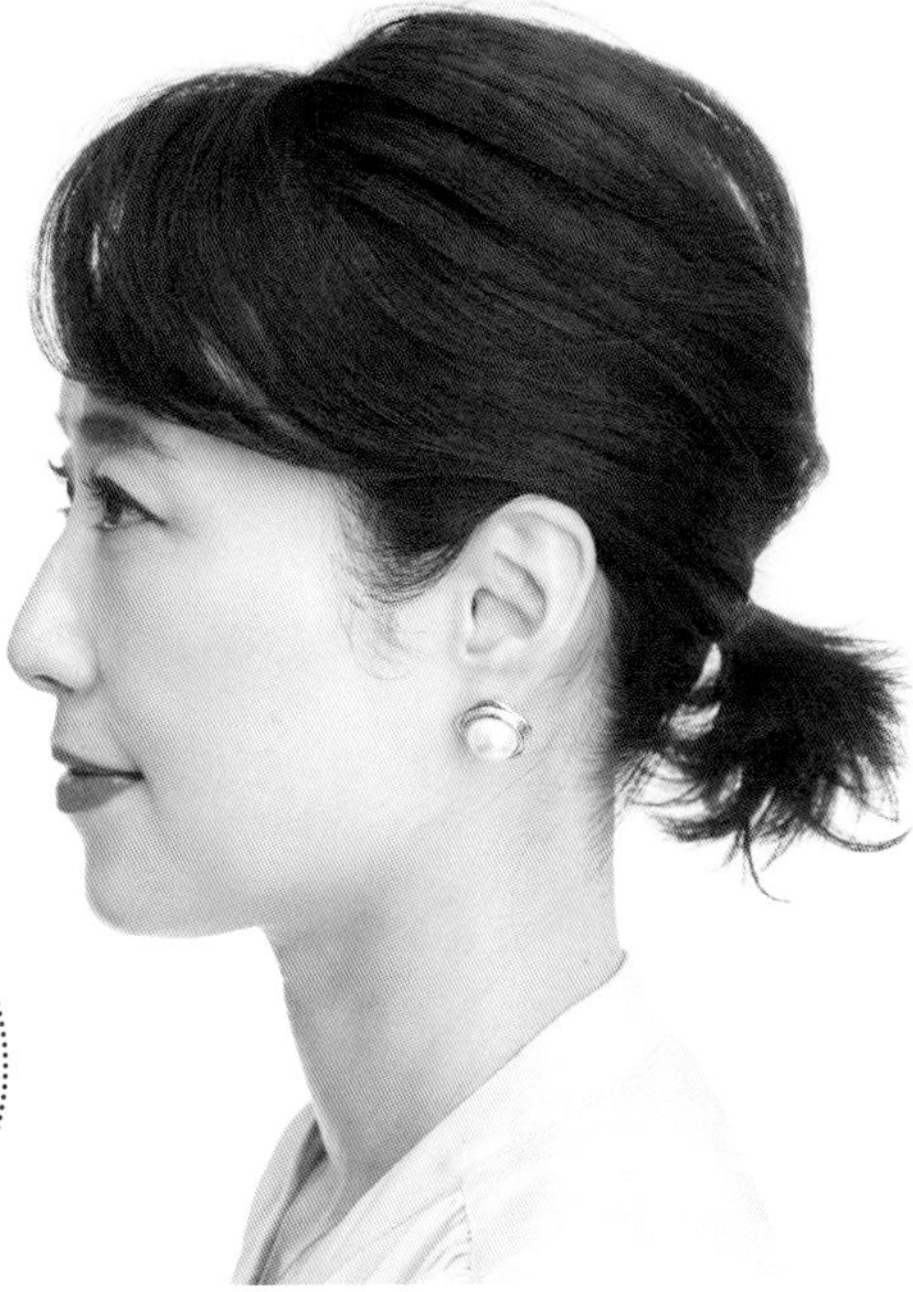

BACK

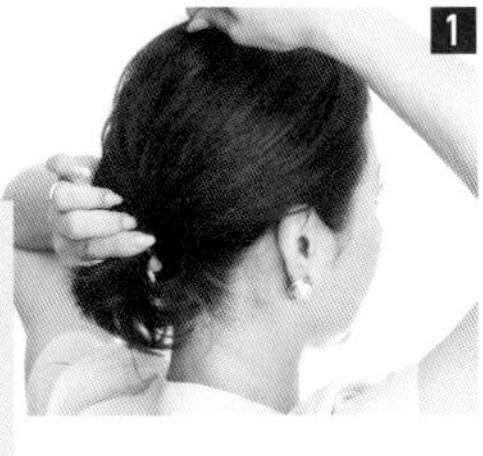

1 結んで引き出す

ワックスやバームをつけたあと、えり足をゴムで結ぶ。結んだ部分を指でおさえてトップの髪を引き出して高さを出しておきます

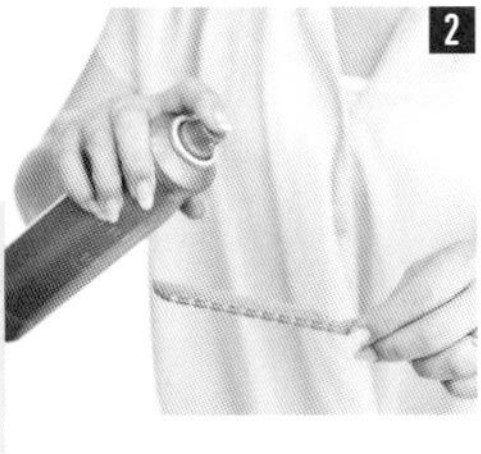

2 スプレーでキープ

短い人は髪が落ちてきやすいのでスプレーでキープする。このときコームを使うと便利。ハードスプレーをコームの歯の部分にかけて

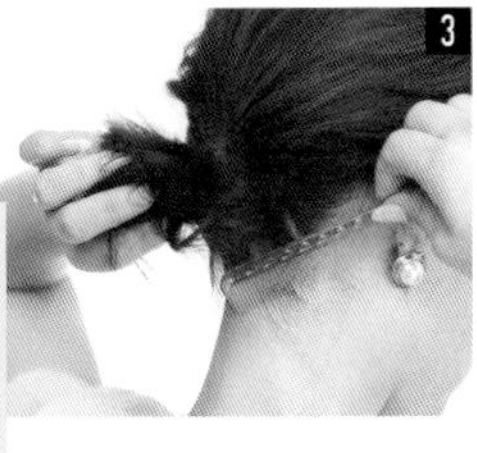

3 えり足をおさえる

スプレーをかけたコームで、落ちているえり足の毛をおさえる。このひと手間で、後ろ姿がすっきり。短くても清潔感あるひとつ結びに

アレンジ

ボブは内巻きor外ハネで変身

内巻き

SIDE

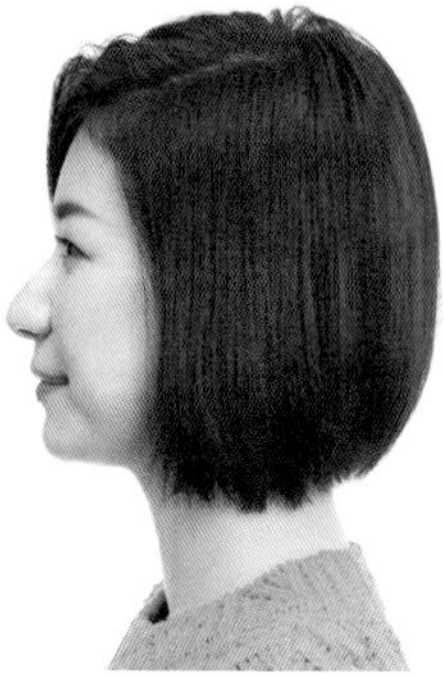

BACK

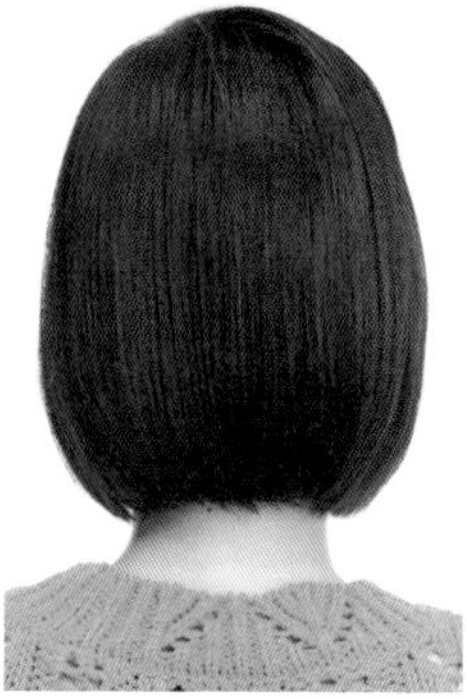

指を入れて乾かす

きれいな内巻きにするために大事なのは、髪の乾かし方。内側から指を差し入れて、毛先が内側に落ち着くように乾かします。毛先が自然と内側に入り、ナチュラルな内巻きに。内巻きヘアは清楚な雰囲気に仕上がります

アレンジバリエーションが少ない印象のボブ。
じつは、内巻きと外ハネを使い分ければ、
ボブは「1スタイルで2度おいしい」のです！

外ハネ

SIDE

BACK

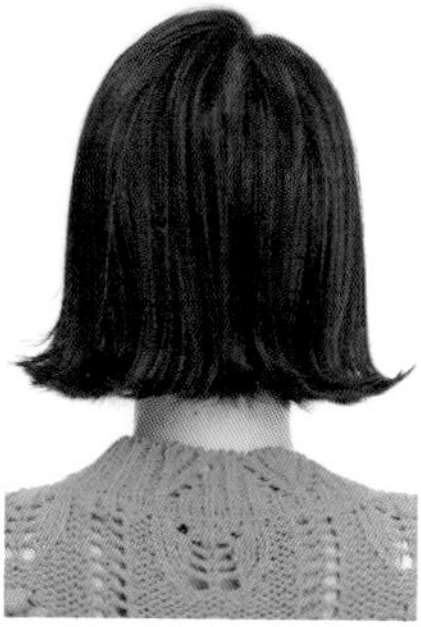

1

指でクセづけする

髪が8割方乾いたら、毛先に指を通し、手首を返しながらドライヤーの熱をあてて乾かす。毛先を引っくり返すように握る

2

アイロンでキープ

クセがつきにくい人はストレートアイロンを使用して。髪全体を5〜6か所に分け、毛先を外側へクセをつけるようにアイロンを通します

3

ワックスでキープ

毛先にワックスやバームをつける。このときも、毛先を引っくり返すようにするのがコツ。ワックスを指の間にものばして握ります

HOW TO

アレンジ

ハーフアップの正解はコレ

SIDE

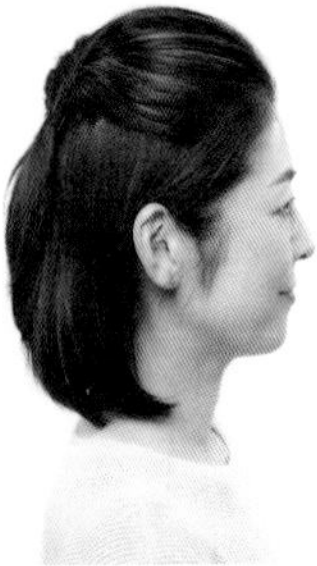

BACK

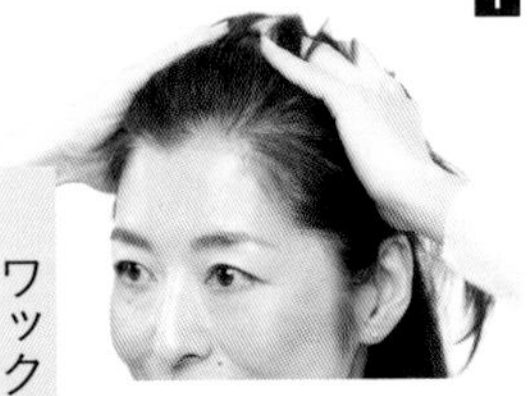

1

ワックスをつける

ワックスを手にしっかりのばして耳上だけにつける。ぱらぱら落ちる毛やアホ毛が出にくくなるのできれいにまとまりやすくなります

2

ねじって持ち上げる

ゴムで結ぶとボリュームが出にくいので、アメピンを使う。目と目を結ぶ線より上の毛を取りねじりながらぐっと持ち上げるのがコツ

3

下から上にピンどめ

ピンは下から上に向かってさす。毛流れに逆らうとしっかり固定される。髪の量が多い人は、ピンを2〜3本使って固定しましょう

HOW TO

疲れて見えるハーフアップ、若く見えるハーフアップ、なにが違う？
一生使えるハーフアップのテクニックをゲットしましょう

＼これはNG／

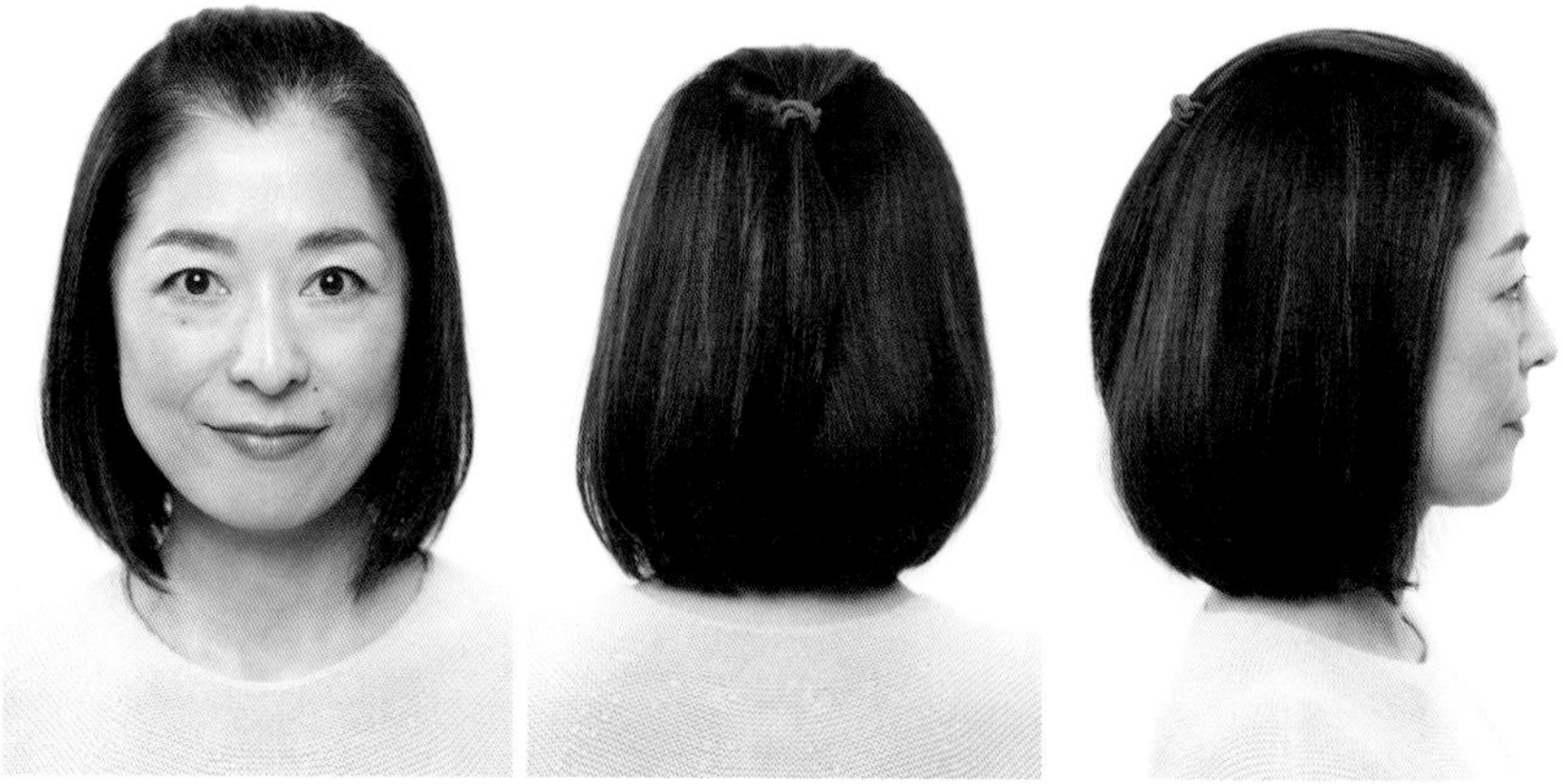

結ぶ量が少ないと、貧相な印象になるので注意しましょう。また、髪をまとめる位置が高すぎても〝ちょんまげ〟のようになってしまうので、結ぶラインは目と目を目安にして

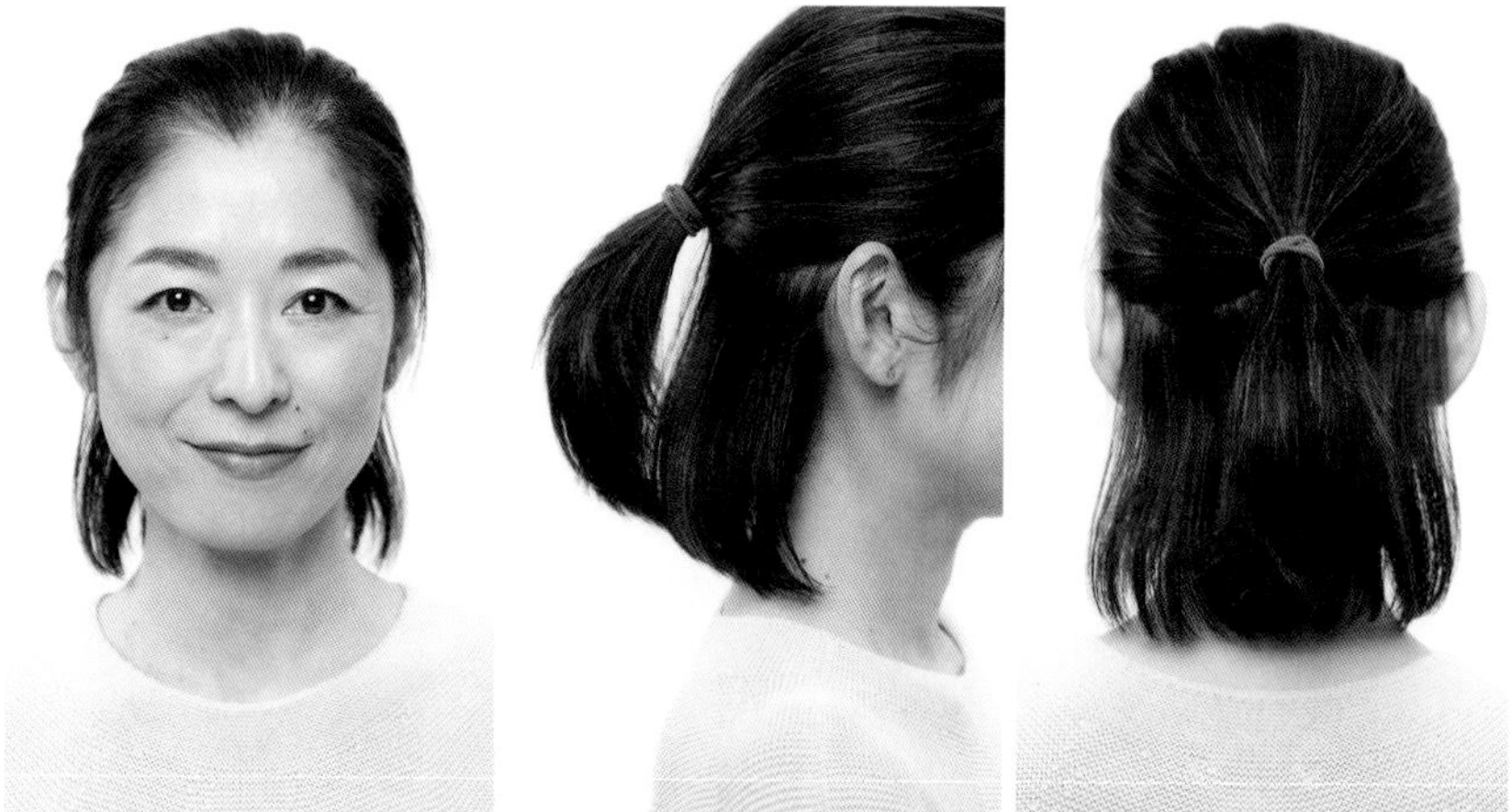

結ぶ量が多いと毛束が太くなり、オシャレ感が半減。また、ゴムで結ぶと毛束が髪に沿わず、ぴょんと浮いてしまい、バランスが悪く見えてしまいます

アレンジ

ショートでもアレンジしたい!

変わり映えしないと思いがちなショートヘアも、前髪の流し方や
髪の質感を変えれば、イメチェン可能! 簡単テクをマスターして

SIDE

BEFORE

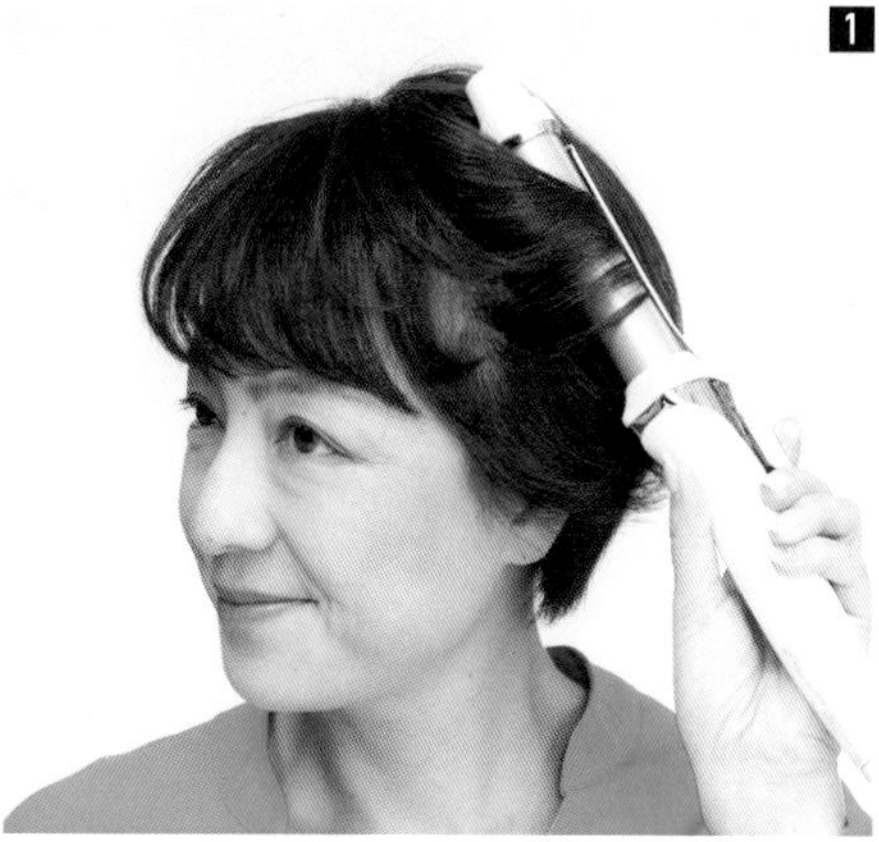

1

細めのアイロンで顔周りの毛を巻く

ショートは顔周りに動きを出すとイメージが変わります。トップとサイド（顔周り）の髪を2〜3か所、外ハネにするように巻きます

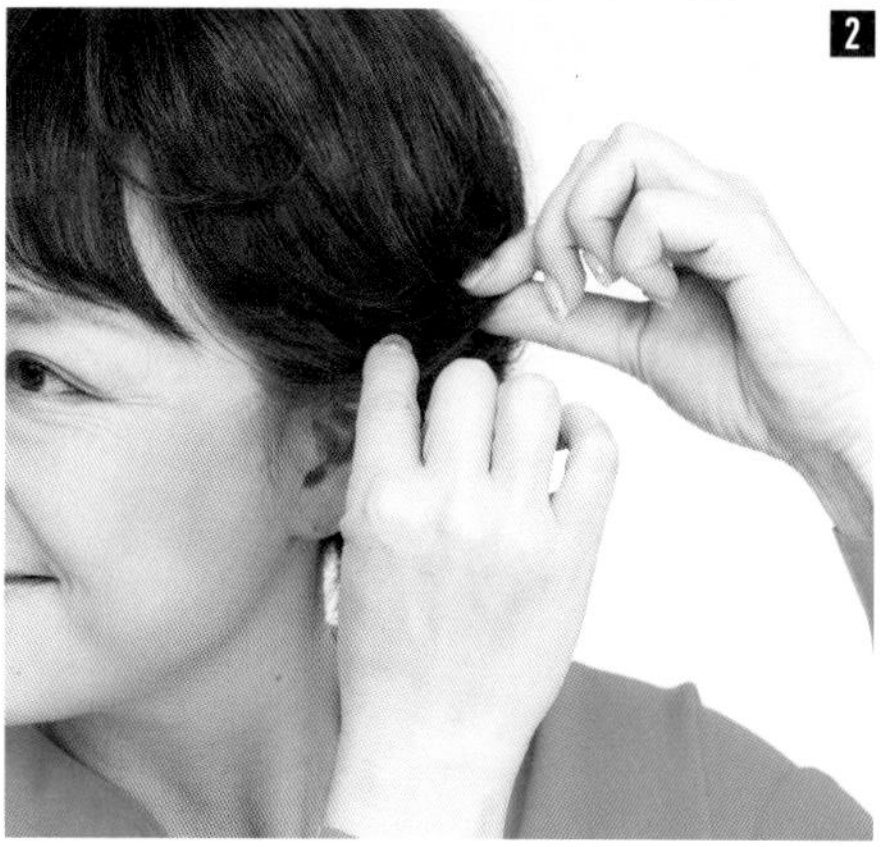

2

毛先をつまむようにワックスをつける

アイロンで巻いたあとは、手にワックスをのばし、指先でカール部分をつまむようにして巻いた部分のカールを強調します

3

トップに束感を出しサイドの髪を耳かけ

トップの髪もワックスで毛束を強調するように指を滑らせます。巻いた髪と逆サイドの髪を耳にかけ、オシャレなアシンメトリーヘアに

アレンジ

アイロン使いの基本

アイロンは、自分がどんなスタイルをつくりたいかによって選んで。
太めを使えばナチュラル、細めならゴージャスヘアに！

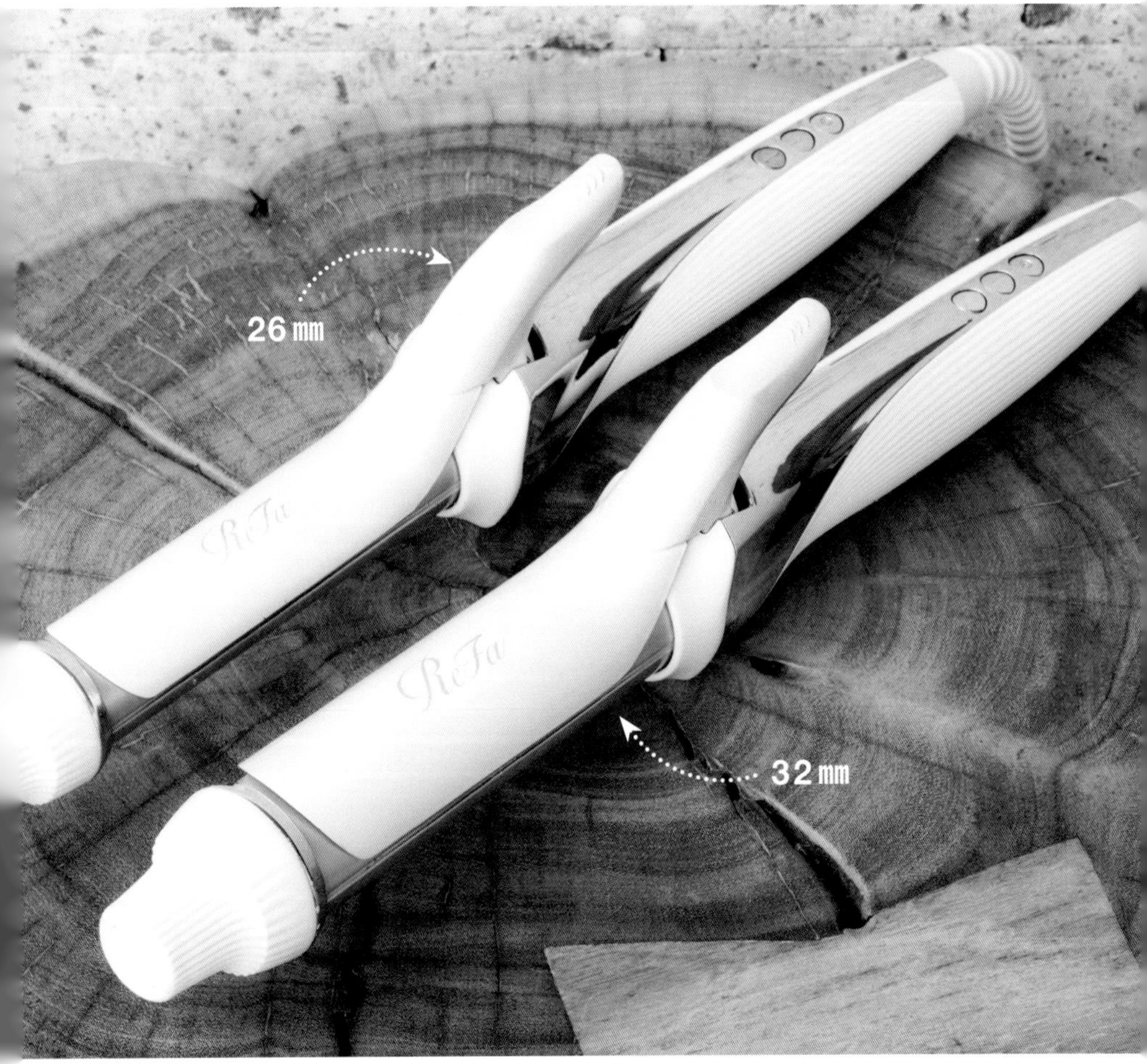

上が26㎜、下が32㎜のカールアイロン。髪が短い人は、26㎜のアイロンを使った方が髪にしっかりからんで使いやすい。八木ちゃんおすすめのアイロン。軽くて扱いやすく、髪も傷みにくい。リファビューテック カールアイロン 26/32 各¥24000（MTG）

26㎜のアイロンを使用

細かいカールをつくりたい場合や、くるっと華やかなカールにしたい場合は細めサイズの26㎜アイロンを。左右、それぞれ6〜8か所ほどに分けて巻くとカールが重なってゴージャス

32㎜のアイロンを使用

太めのアイロンで巻くと、大きめのカールヘアになります。ふんわり内巻きにしたいなら32㎜のアイロンを。髪全体を左右2つに分けたら、それをさらに半分に分けてそれぞれを内巻きに

アレンジ

失敗しないセルフ巻き

ロングヘアの大人女性にいちばん多い巻き髪の要望が、
「毛先だけをふんわり巻きたい」。細かいプロセスでわかりやすく解説します！

BEFORE

1

6か所に分けてブロッキングする

まず、耳前（サイド）の髪と耳後ろ（バック）の髪に分けて。次に、耳後ろの髪をさらに耳上と耳下に分け、計6か所にブロッキング

2

中間から毛先までアイロンを滑らせる

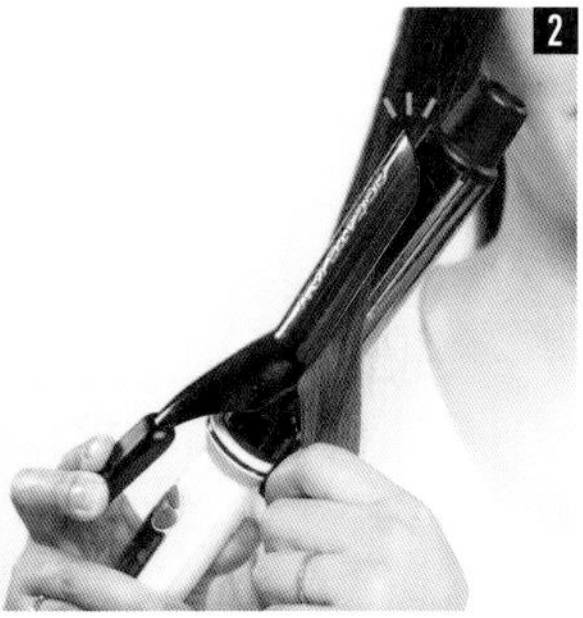

バックの上下に分けた下の毛束を取り、アイロンを中間から毛先まで滑らせる。こうすることでキューティクルが整い髪にツヤが

HOW TO

＼これはNG／

アイロンを滑らせるとき、②のように少し浮かせるくらいの空間をつくるのがコツ。強く挟むと、髪が折れてカクッと跡がついてしまう

3

内側に1回転させ カールをつける

毛先までアイロンを滑らせたら、アイロンを1回転させ、3〜5秒数えてアイロンを下に引き抜きます。同じ側の残り2か所も巻きます

4

逆側の髪も 3か所内巻きに

逆側も同様に3か所巻く。最初にバックの下部分を巻き、次にバックの上、最後にサイドの毛束の順番で、内巻きにします

5

巻き上がりは ころんとしたカール

左右3か所ずつ巻くと、ころんとしたカールになっているはず。このままでは古くさい印象なので、スタイリング剤をつけてほぐします

6

オイルやミルクで カールをほぐす

カールの間に空気を含ませるようにしてほぐす。髪がやわらかい人ならクリームやミルク系、髪が硬い人はオイルやシアバター系を

7

仕上げにトップの 髪をかき上げる

スタイリング剤がついたままの手で髪をかき上げるようにしてトップにふんわり立ち上げを出すと、こなれた雰囲気のスタイルに

HOW TO

ヘアアクセを上手に使いこなす

ヘアアクセを上手に使えばアレンジのオシャレ度が爆上がり。
意外と知らないお役立ちアクセの使い方をマスターして！

バレッタ

1

くるりんぱのゴムを隠す

くるりんぱ（P82参照）をしただけだと、黒ゴムが見えてしまう。ここにアクセサリーをつけることでゴムを隠します

2

トップの毛を引き出し高さを出す

アクセサリーをつける前に、トップの毛を引き出して高さを出しておく。このとき、ゴムの部分を指でおさえ、髪がくずれないように

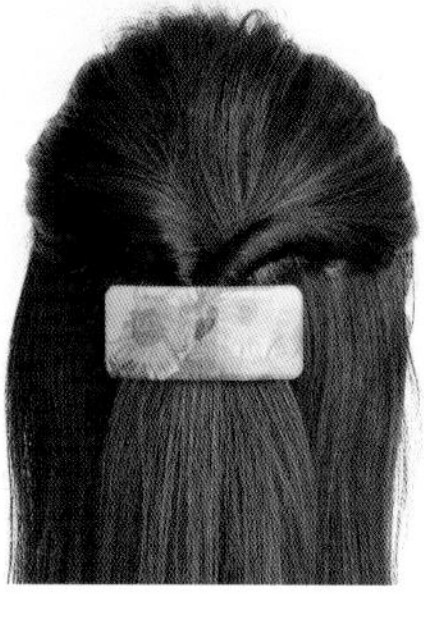

3

バレッタで髪全部を挟もうとしない

バレッタはあくまで飾り。金具が壊れてしまうほど毛束全部をバレッタでとめる必要はなし。ゴムを隠すことができればそれでOK

これを使う

バレッタも飾りゴムも使い方を間違っている人が多い。バレッタは髪全部をとめないのがコツ。飾りゴムは黒ゴムの上に使って

飾りゴム

1

ひとつ結びの黒ゴムを隠す

よく見かける普通のひとつ結び。ただの黒ゴムで結んだだけだとオシャレ感が足りないので、上から飾りゴムをつけてアクセントを

2

飾りゴムは指でおさえながらつける

飾りゴムは、飾りの部分が上にくるように指でおさえながら、ゴムをつけるのがコツ。最初から飾りゴムだけで結ぶよりも、安定します

3

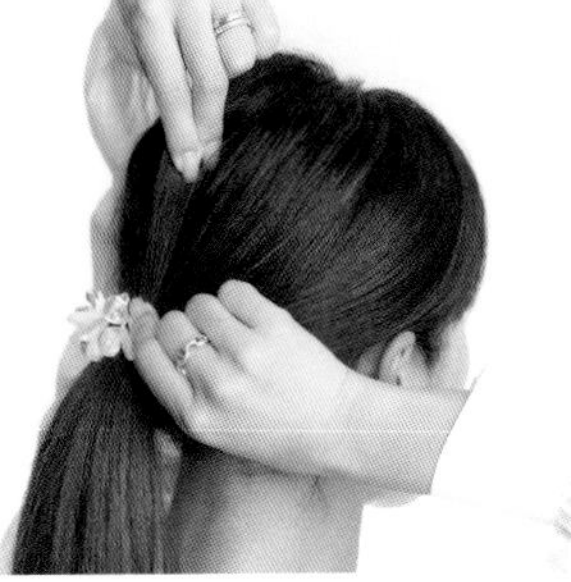

後頭部を引き出しボリュームを出す

ゴム部分を指でおさえ、後頭部の毛を引き出す。結ぶゴムと飾りゴムの2本でまとめているので、後頭部を引き出してもくずれにくい

HOW TO

これを使う

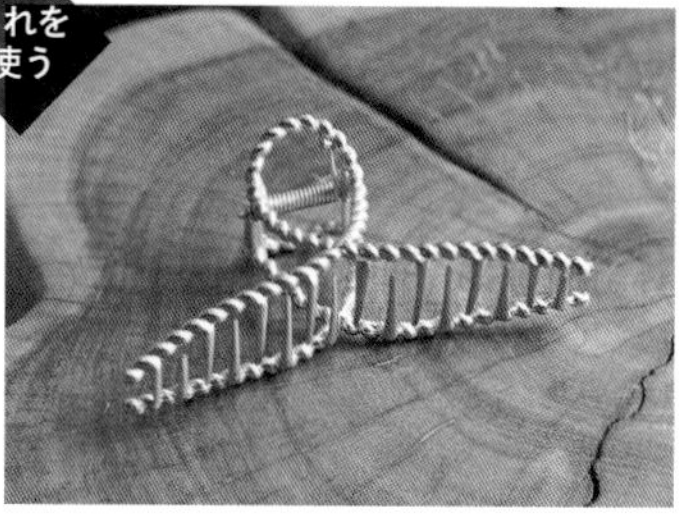

ロングヘアの人は、毛量に合ったアクセを使うだけで、アレンジが急に決まるようになります。クリップも大きめのものを選んで

1

バンスクリップ

えり足から髪をねじり上げる

ワックスなどをなじませたら、えり足から髪をぎゅっとねじり上げる。たるまないように、ややきつめにねじるのがコツ

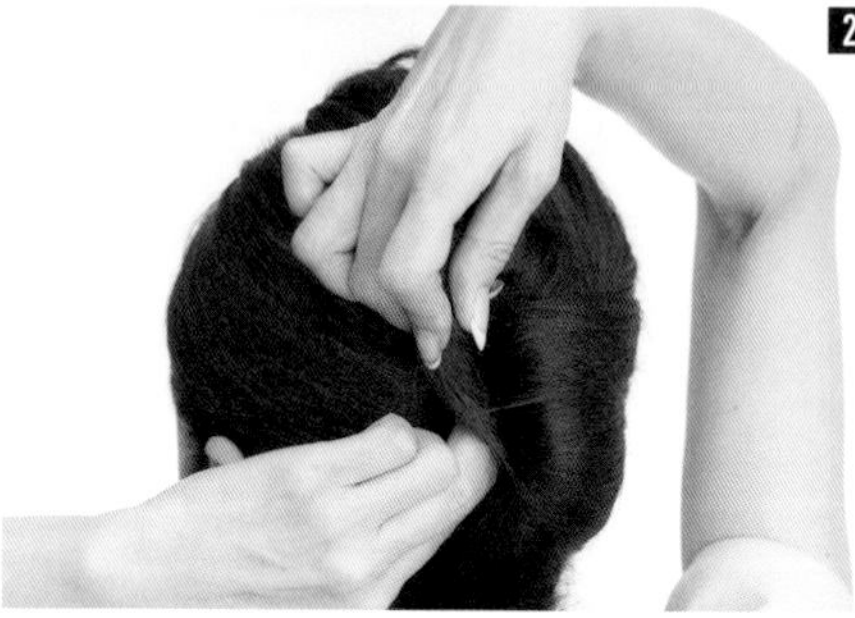

2

ピンをさしてくずれにくくする

このままクリップでおさえてもいいですが、髪が落ちてきやすい人は、下から上にアメピンをさしておくとくずれにくくなります

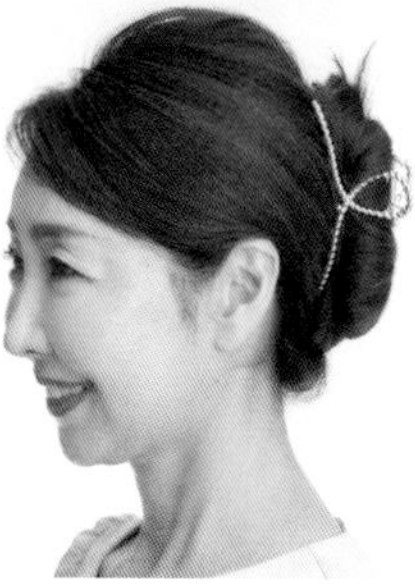

3

ピンを隠すようにクリップでおさえる

大きめのクリップを使って毛束全体をおさえる。直毛でくずれてしまう人は、先に軽く巻いてワックスをつけてからまとめるようにして

HOW TO

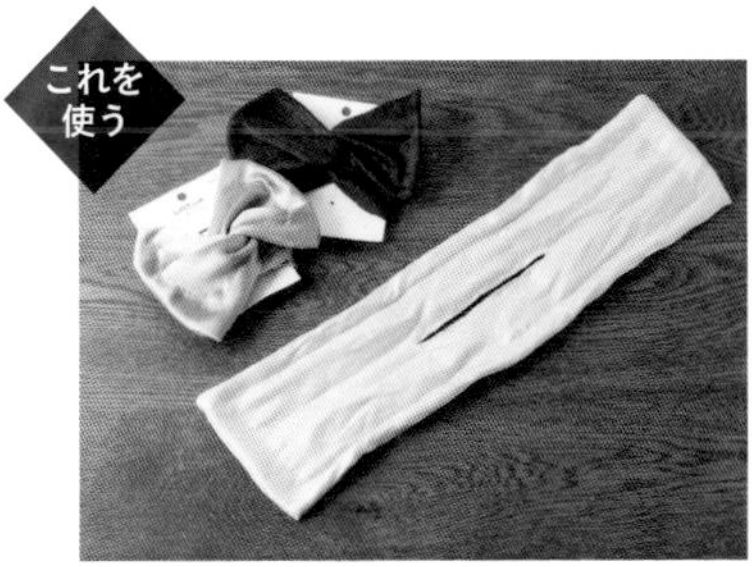

SNSで簡単にまとめ髪ができると話題のデフトバン。アクセサリーショップで購入可能。ある程度太さのある針金を使っているものが使いやすい

デフトバン

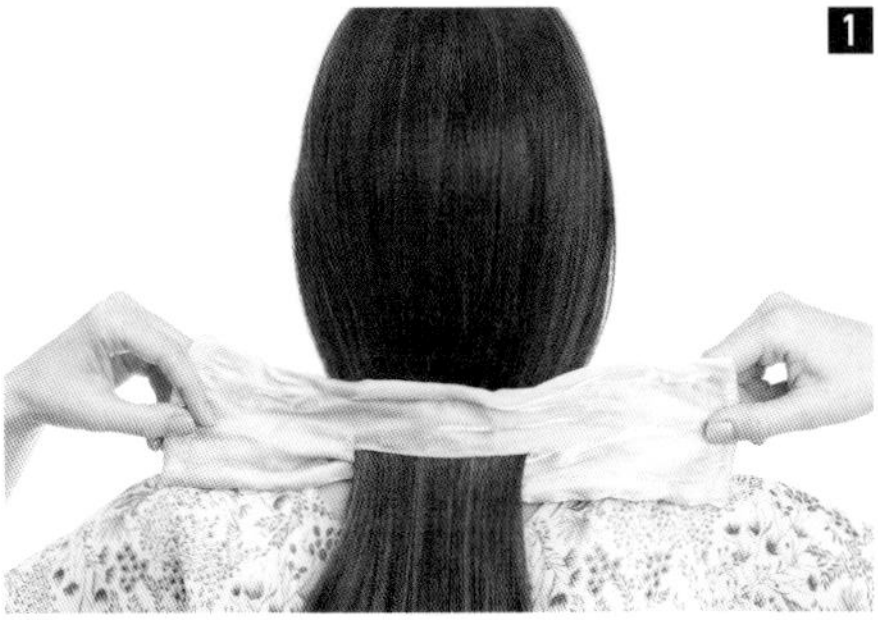

1

切り込み部分に後ろの毛全部を通す

真ん中にある切り込み部分に後ろの髪を通す。今回は後れ毛などを残さず、すっきりとまとめたいので、髪の毛を全部通します

2

デフトバンを回転し髪を巻き込む

髪を通したデフトバンを内側にくるくる回転させながら髪を巻き込む。えり足ぎりぎりまで、きっちりと巻き込んで

3

デフトバンを交差し髪をまとめる

えり足ギリギリまで巻き込んだら、デフトバンを交差させてとめる。このとき端が長く残ってしまうなら、何回か交差させて固定して

HOW TO

アレンジ
1

帽子×ヘアの正解

帽子を上手に使いこなす人は、センスよく見えます。日差しの強い時期に頭皮をカバーする効果もあり。ベストバランスをチェックしましょう

BEFORE

鎖骨下くらいの長さのミディアムヘア。今回紹介するアレンジは、このくらいの髪の長さがあればできます

キャップ×ひとつ結び

定番キャップ×ひとつ結びは、ゴムで結んでから帽子の後ろの穴の部分に通すのがコツ。結ぶ前にアイロンなどで髪を巻いておくと、華やかに。夏は後れ毛を出さずにすっきりと

麦わら帽子×お団子

麦わらは、帽子の面積が大きくて印象が強いので、髪はお団子にしてコンパクトにするとバランスよく見えます。お団子は結ぶ前に軽く巻いておくのがポイント

キャスケット×外ハネ

キャスケットはボーイッシュな印象なので、クールな雰囲気になる外ハネとの相性が◎。ヘアアイロンを横に寝かせて、毛先にCカールをつけるような感じで平巻きにしましょう

ベレー帽×ミックス巻き

ベレー帽はその形自体がフェミニンな印象なので、やわらかい巻き髪などがぴったり。内巻きと外巻きをミックスするような巻き方をすると、エレガントに決まります

アレンジ

ニット帽の似合わせテク

冬の定番ニット帽。そのままかぶるだけでもいいけれど、
アレンジを加えるとさらにオシャレ。定番のスタイルが、こなれた印象に！

サイド結びで すっきりきれい見え

1

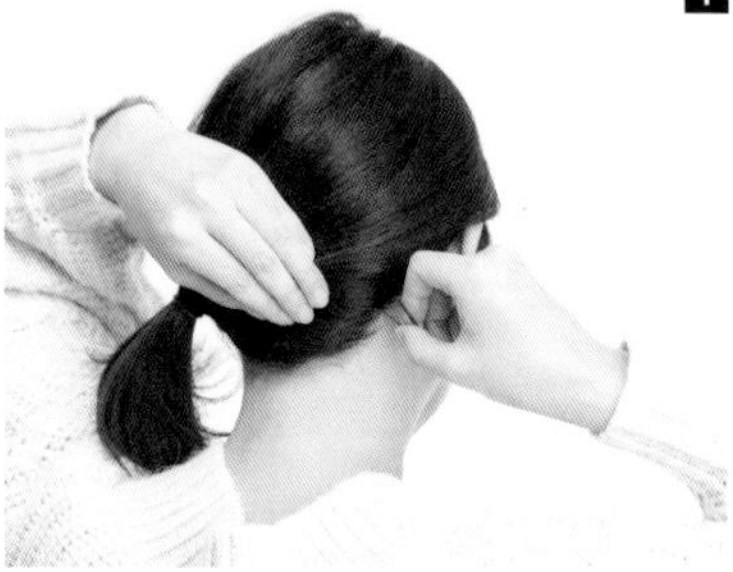

えり足の毛をサイドに全部集めてゴムで結ぶ。髪が短くて毛が落ちてくる人は、隠しピンで髪をおさえておくと仕上がりがきれいに

2

ポイントはあまり高くない位置で、帽子の下くらいに結び目がくるようにすること。ゴムが見えるか見えないかくらいの場所で結んで

HOW TO

外ハネカールで若々しい印象に

1

ニット帽はカジュアルなので、外ハネのような元気な雰囲気のアレンジが似合います。短めならストレートアイロンで巻くと簡単

2

帽子をかぶったあとは、毛先にワックスやバームをつけて。片方だけ耳かけすると、アシンメトリーになってさらにオシャレに！

フェイスラインの残し毛で小顔効果

1

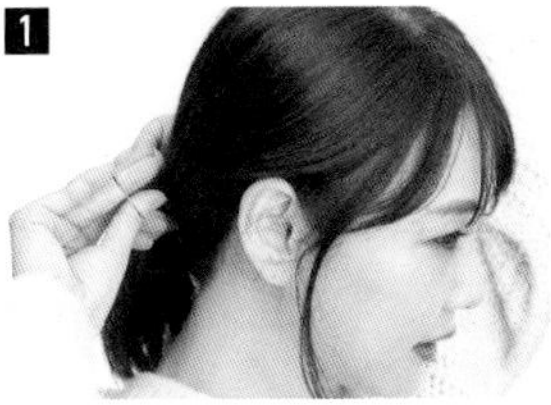

ニット帽は、アップスタイルとも相性よし。まずは、フェイスラインの毛束をひと束残して、低めの位置でひとつ結びにする

2

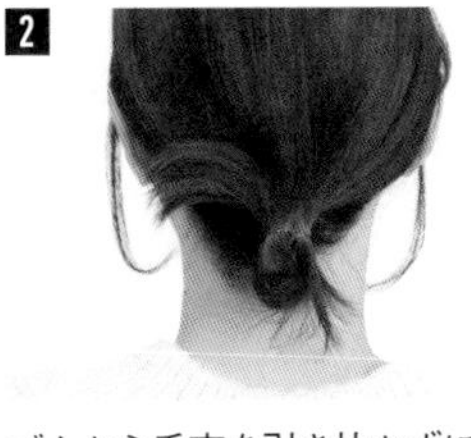

ゴムから毛束を引き抜かずにお団子に。上からニット帽をかぶったとき、フェイスラインに残った毛束が小顔に見せてくれます

マフラーとスカーフのベストバランス

マフラー

BEFORE

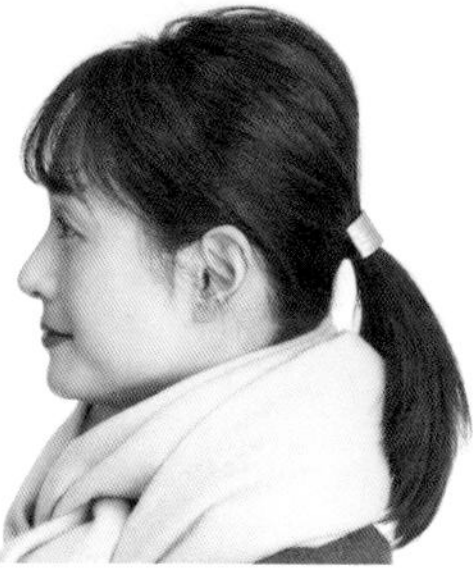

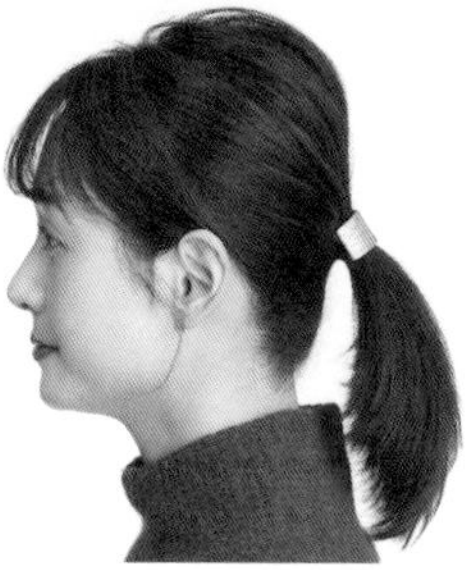

マフラーにボリュームがある場合は、マフラーの厚みを考慮して少し高めの位置で髪を結ぶのがコツ。このとき、後頭部の髪をしっかり引き出して高さをつくるのがポイント。高い位置で結んでも、後頭部にボリュームがあれば、バランスがよく見えます

HOW TO

冬どきのマフラーやスカーフは、暖かいけれど、首周りが
もたつきやすいのが難点。髪を結ぶ位置を調整すれば、
マフラーもスカーフももたつかずにすっきり横顔美人！

スカーフ

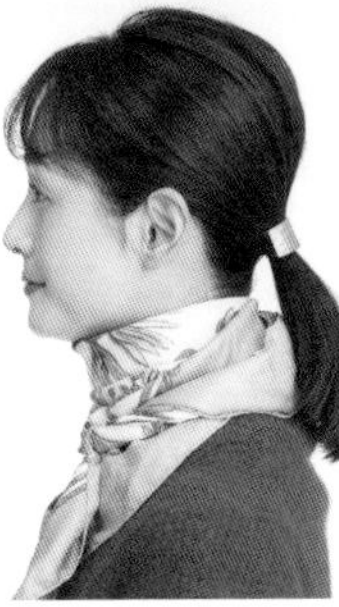

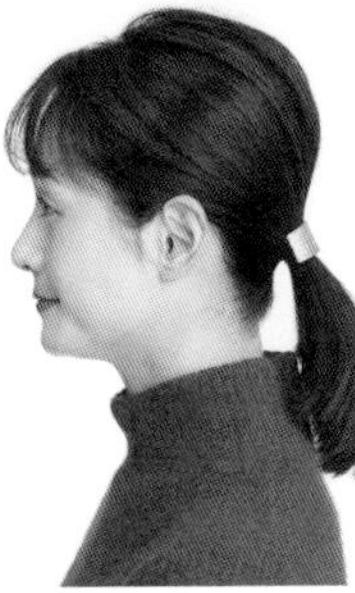

スカーフくらいの薄手の巻き物の場合は、そこまで高い位置で結ばなくても大丈夫。この場合も後頭部のボリュームは大事なので、最後にトップを引き出して。うまくバランスをとるためには、最初にスカーフやマフラーを巻いてから結ぶのもおすすめ

HOW TO

アレンジ
1

セットばりの
華やかアレンジ

美容院でセットしたようなアレンジにしてみたいという人のために。
凝って見えるけれど、じつは自分で簡単にできる〝くるりんぱ〟アレンジです

くるりんぱ ハーフアップ

1

髪全体を内巻きにする

ベースの髪は巻いておく。とくに直毛の人は、ある程度髪が引っかかるほうがアレンジしやすいので、全体を内巻きに巻いておきます

2

トップの髪をゆるくひとつ結びに

トップの髪をゴムで結ぶ。あとから「くるりんぱ」するので、あまりきつく結ばないのがコツ。ゴムは髪色に合わせた色を選ぶと目立ちません

3

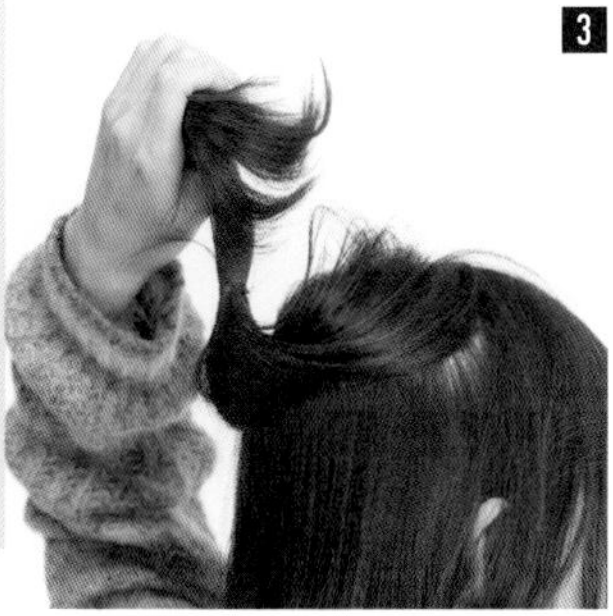

トップの髪をくるりんぱする

結んだ毛先部分を、上に持ち上げて、先ほど結んだひとつ結びの真ん中にくぐらせる。これでひとつめのくるりんぱが完成

4

トップの髪をくるりんぱした状態

くるりんぱした状態のバックスタイル。今回は、このくるりんぱのすぐ下の髪も、同じようにくるりんぱして、2段重ねにします

5

2つのくるりんぱで華やかな仕上がりに

美容院でセットしたようなゴージャスな仕上がり。ボリュームのあるニットなどにもバランスのいいハーフアップの完成です！

HOW TO

アレンジ

特別な日にも活躍アレンジ

アップスタイルも、くるりんぱの重ねワザでプロ並みの仕上がりに。
お呼ばれの日にもぴったりのアレンジが自分でできるのはうれしい

BACK

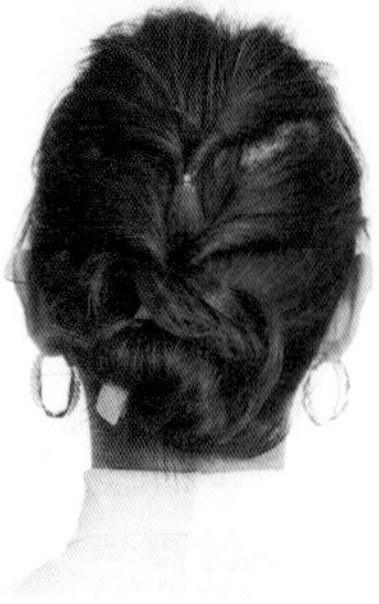

BEFORE

ダブル くるりんぱ アップ

1 中央の髪を残しくるりんぱ

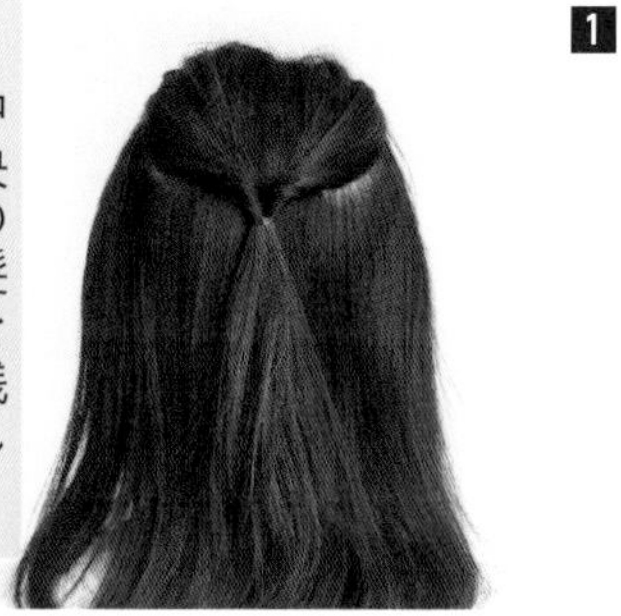

トップの髪をくるりんぱする。このとき、中央は残したままにし、両サイドの髪だけでくるりんぱすると、あとでボリュームが出しやすい

2 2段目の髪もくるりんぱする

くるりんぱするときは、ゴムをゆるめに結んでおくのがコツ。①のすぐ下の髪も左右から髪を持ってきてくるりんぱします

3 トップの髪を引き出す

①で残しておいたトップの中央の髪を引き出して、トップに高さとボリュームを出す。結んだ部分を指でおさえながら引き出して

4 毛束を全部まとめお団子にする

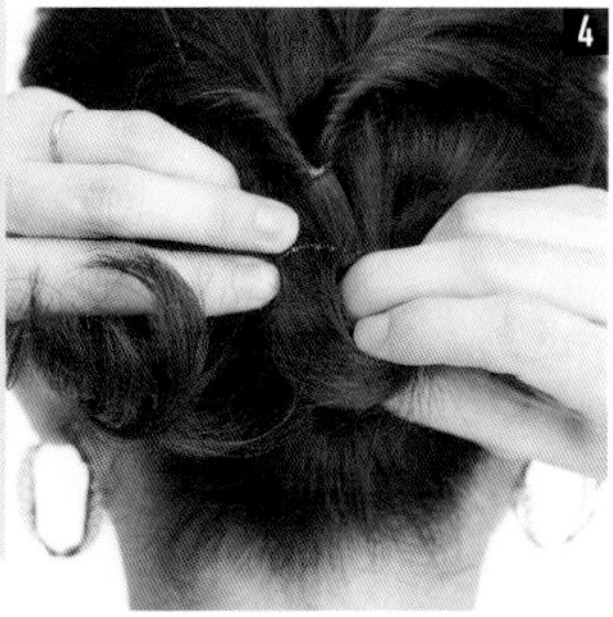

くるりんぱした2本の毛束と、えり足に残っている毛をすべてまとめて結んだら、お団子にします

5 お団子を広げてピンでとめる

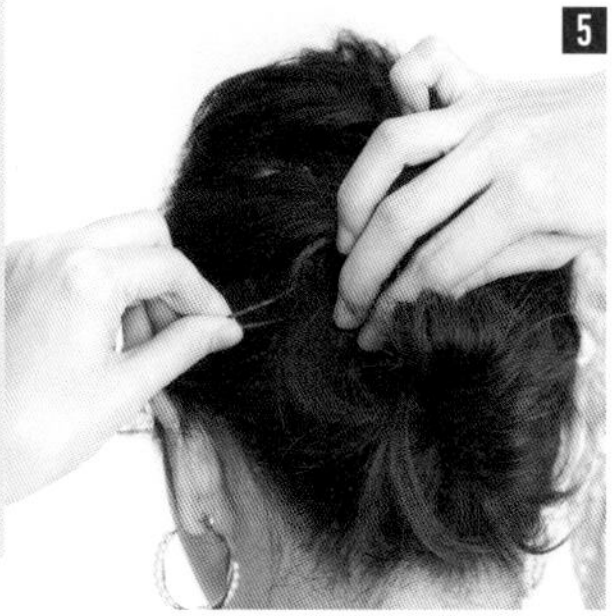

④でつくったお団子を広げるようにして何か所かピンをさします。最後に飾りクリップをつけると、より華やかな仕上がりに！

COLUMN

一生使えるブラシの使い分けの基本

頭皮用と髪用を上手に使い分けて

ブラシやコームにはいろんな種類があるけれど、それぞれ用途に合った使い方をする必要があります。ブラシは、大きく分けると、頭皮用のブラシと、髪用のブラシの2種類。頭皮用のブラシは、頭皮の血行を促したり毛穴を洗浄したりするときに使います。髪用のブラシは、なにをしたいか目的によって使い分けましょう。

ロールブラシは曲線をつくるのに最適

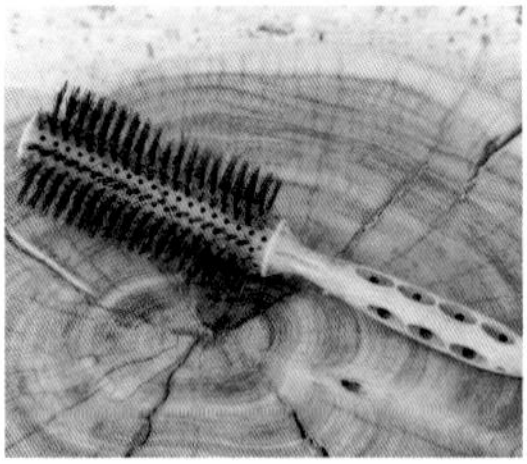

ロールブラシは曲線をつくるもの。毛先や前髪を内巻きにしたいときなどに。太さもいろいろ

定番デンマンブラシは髪表面と毛先にも

髪表面を整えるときや、シャンプー前の髪のからまりをとくときにも両方使えます

頭皮用クッションブラシはマッサージ用に使う

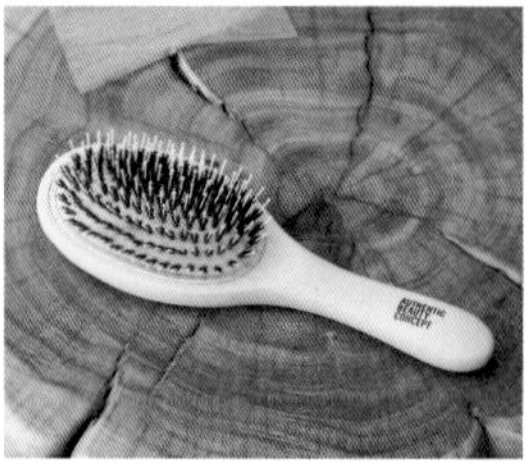

頭皮用のブラシは、気持ちいいと感じるくらいの力で使う。血行が促進され健やかな頭皮に

目の粗いコームはトリートメント時に

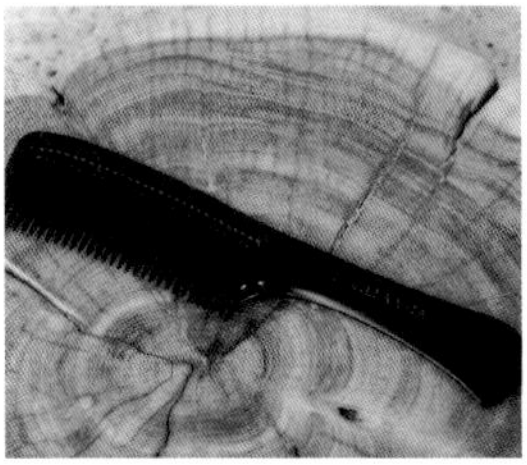

お風呂でトリートメントを髪全体にいきわたらせるときに使う、目の粗いコーム。1本あると便利

コームは髪をとかすだけのものではない

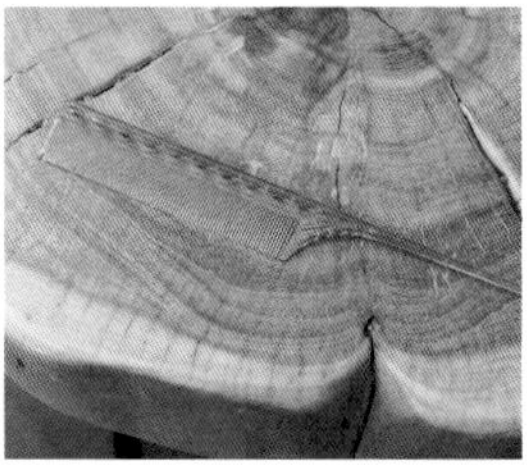

リングコームと言われる柄《え》のあるコームは分け目をつくるときなど、スタイリングにも使える

タングルティーザーで髪のからまりをとる

長短混ざったブラシで髪のからまりをほぐし、ツヤ感も出る。ロングの人に人気

今さら聞けない
ヘア悩みの
正解を教えます

八木ちゃんとさとゆみに寄せられる
読者の皆さんからの質問を一挙に解決します!
目からウロコのテクニックや
大人世代だからこそのワザを盛り込みました。
ヘアケアのメカニズム解析は日進月歩。
今だからこその新しい情報をぜひ、手に入れて。

Q 美容院に行くときに注意すること

A よく、「美容院に行く前に、シャンプーしていった方がいいの?」と相談されますが、どちらでも大丈夫。スタイリング剤をつけるかどうかも同様ですが、スタイリング法を相談したいときは、普段自分がどんなスタイリングをしているかを見てもらうのがよいと思います。

服装は、日頃の服装とかけ離れていなければ、好きな格好でOK。ただ、休みの日はカジュアルな格好で、仕事の日はかっちりめのスーツが多いといった場合は、カウンセリングでそのことを伝えて。仕事でもプライベートでも似合う髪を提案してもらいやすくなります。

マスクを外したくない方は、カット中やカラー中にマスクをクロスがけするのがおすすめ。ゴムの部分をクロスにすると、髪がからまりにくく、カットもしやすくなります。ただし、カウンセリングと顔周りのカットのときは、マスクを外すとよいでしょう。マスクをつけたままだと、骨格のバランスが見えないので、顔型に似合わせてもらうのが難しくなります。

マスクをしたままカットしてもらうなら、マスクのひもをクロスがけに

Q 白髪を見つけたらどうすればいい？

A まず、抜くのは絶対ダメ！　白髪に限らず、髪を抜くと毛穴を傷めてしまう可能性が。そうするとその毛穴から毛が生えなくなったり、細い毛しか生えなくなるので要注意。いちばんいいのは、白髪を根元付近からハサミでカットすること。眉毛用などの小さいハサミを使うのがよいでしょう。

最近は伸びてきた白髪の根元を、マスカラや髪用のファンデーションで目立ちにくくする商品も増えています。シャンプーをすると落ちるので、出かける前に、気軽に使えます。染めるわけではないので、髪にダメージがないのも◎。また、白髪予防のために、普段から頭皮の血行をよくしておきましょう。頭皮用のエッセンスをつけて指の腹で頭皮をマッサージしたり、頭皮用のマッサージブラシを使うのもおすすめです。

白髪を引っ張り出して、眉毛用バサミなどを使い根元ギリギリでカット

白髪用ファンデーションは、伸びてきた根元にぽんぽんとつけるだけ

Q カラーは美容院でするとと傷まない？

Ａ 美容院のカラーがホームカラーより髪にダメージが少ないとされている理由は大きく2つ。ひとつめは、美容院は、お客さまの髪の状態によって薬液の強さを変えているところ。市販品は、どんな人に対しても一律に染まるので、どうしても薬液が強くなってしまう傾向があります。

ふたつめは、美容院のカラーは、根元とそれ以外のカラー剤を使い分けている点。だいたいの美容院では、新しく伸びてきた新生毛（根元部分）と、すでにカラーをしたことがある既染毛（中間から毛先）の髪で、薬液の強さを変えています。その点で、美容院のカラーは髪のダメージを減らすことができるのです。

家で染める場合は、できるだけカラー剤を毛先にもみ込まないようにしましょう。伸びてきた部分だけをカラーするのもおすすめ。もし、中間から毛先は前のカラーが残っているのであれば、新しく生えてきた部分だけを染める「リタッチ」という方法がいいでしょう。

根元や生え際は指先に薬液を取り、根元部分をおさえるようにして塗って

Q 自宅で失敗せずに前髪をカットするには？

A セルフ前髪カットのポイントは以下の6つです。

①髪を持ち上げない
②ハサミは縦に持ってナナメに入れる
③髪はしっかり乾かし、クセを伸ばしてから切る
④前髪以外を取り分けておく
⑤前髪の横の髪は切らない
⑥ハサミは髪専用のものを使う

NG

指で前髪を挟んで真横に切ると、短くなったりまっすぐ切れなかったりする

OK

髪をまっすぐブローしてから、ハサミをナナメに入れるようにカットすると、自然な仕上がりになります

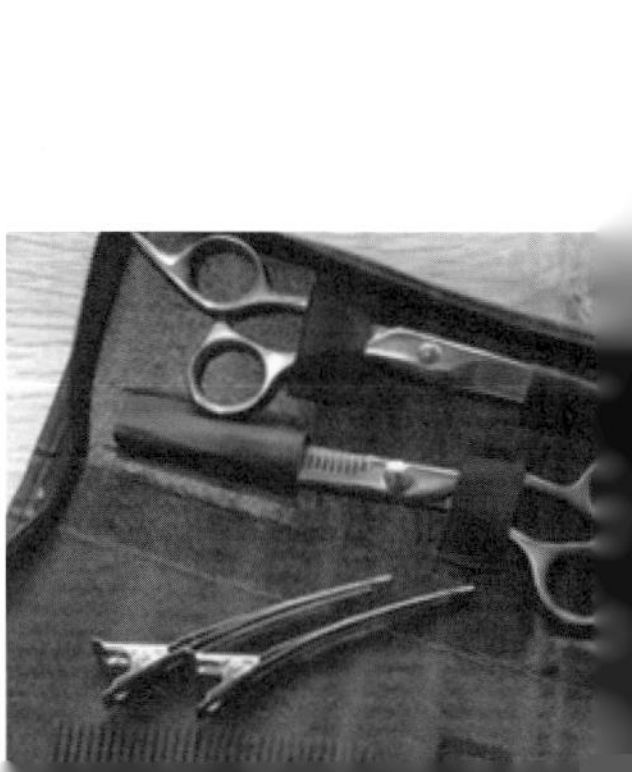

通販などで買える自宅用の髪切りバサミ。髪をとめるダッカールつきのものが便利です

Qつむじが割れて薄毛に見える

A つむじの位置自体は、大人になってから変わることはないのですが、髪が細くなったり薄くなったりすると、つむじが目立つようになります。大人の女性4人に1人くらいは、つむじが割れてしまって、薄毛に見えるという悩みを持っていると感じます。解消法は以下のとおり。

①つむじ周りに水スプレーをする

②地肌をこするようにして、根元の方向をあっちこっちに流して乾かす

③さらに、つむじ部分をまたぐように、右から髪を引っ張って乾かし、次に左から髪を引っ張って乾かし…をくり返す

これで、つむじのぱっくり割れがなくなります。髪の割れグセは、根元の方向を変えることが重要なので、根元にアプローチを!

つむじが隠れるかどうかで、印象が激変します

Q 最近、抜け毛が増えてきた

A まず、ポイントは抜けている毛が「抜け毛」か、「切れ毛」なのかの見極め。抜け毛は、髪が「根元から抜ける」こと。抜けた髪に毛根がついていることがあると思います。これが、抜け毛。

一方、毛根がついていない毛は切れ毛で、毛の途中で髪が切れてしまっている状態。これは、髪が傷んでいるときに起こる現象です。髪が弱っていると、ほんの少しの摩擦でも切れやすくなります。

切れ毛であれば、普段のトリートメントに加え、洗い流さないトリートメントを使って。これから生えてくる髪には、頭皮マッサージを取り入れるのが◎。頭皮用のブラシを使うと簡単で、頭皮をマッサージする前に、まず毛先のからまりをとり、次に中間部分、最後に根元から毛先まで丁寧にブラシを通します。ブラシに残った抜け毛は、リングコームの柄の部分で掃除を。竹串でもOK。

頭皮を引き上げるようなイメージでブラシを通す

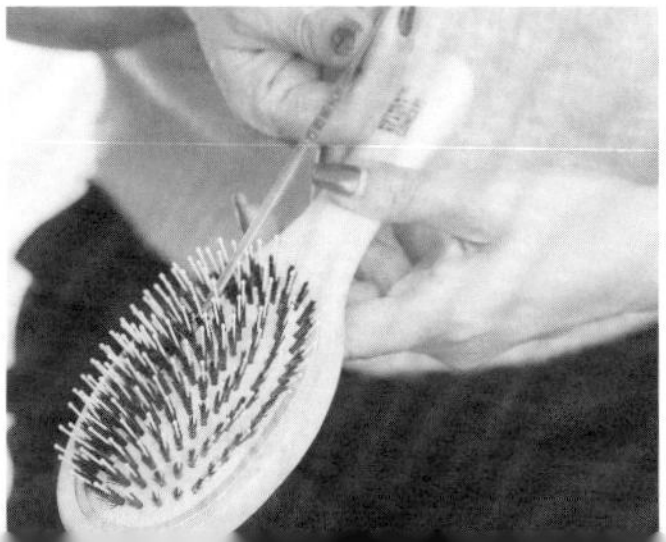
ブラシにからんだ髪は、コームの柄の部分を使ってとりのぞいて

Q 髪を乾かすのに時間がかかります

A 髪を早く乾かしたいなら、ドライヤー前が重要です。いちばん大事なのは、タオルドライ。タオルドライ次第で、5分くらいは時短できるはず。

まずは、髪の根元の水分をしっかりタオルでとります。とくに、耳下の部分、えり足のあたりは根元に水分がたまっているので、しっかりタオルドライして。髪の水分をよく吸収するタオルを使うのもおすすめです。

洗い流さないトリートメントは、髪がびしょびしょのときにつけてもあまり意味がないので、しっかりタオルドライしてからつけましょう。根元から乾かすときに、頭皮をこするように乾かしていくとクセもおさまりやすく、分け目が目立ちにくくなってナチュラルにボリュームも出ます。

まず、頭皮と根元の水分をしっかりとりましょう

根元をこするように乾かすと、早く乾きやすくなります

Q ドライヤーはどんなものを選べばいい？

A 最近、ハイスペックな機能がついたドライヤーが増えていますが、必ずしも高ければ高いほどいいというわけではありません。

まず、ドライヤー選びにおいて大事なのは、軽いこと。というのも、髪を乾かすときは、ドライヤーをしっかり上に持ち上げなくてはいけないシーンが多いから。キューティクルのウロコの方向に逆らって乾かすと、バサバサになってしまうので、ドライヤーの風は上から下（根元から毛先）に向かってあてます。つまり、頭よりも高い位置に持ち上げることが多いのです。このとき、ドライヤーが重いと疲れてしまいますから、軽いものがよいというわけ。

もうひとつ重要なのは、冷風に切り替えるスイッチが軽く、簡単なこと。髪は冷ましたときに形を記憶するので、意外と冷風の出番が多い。全体を乾かしたあとに、冷風でキューティクルを引き締めると髪にツヤが出ます。

マイナスイオンのドライヤーは、空気中の水分を取り込むような仕組み。髪の量が少なくボリュームが出にくい人は、ぺたんこになってしまう可能性も！

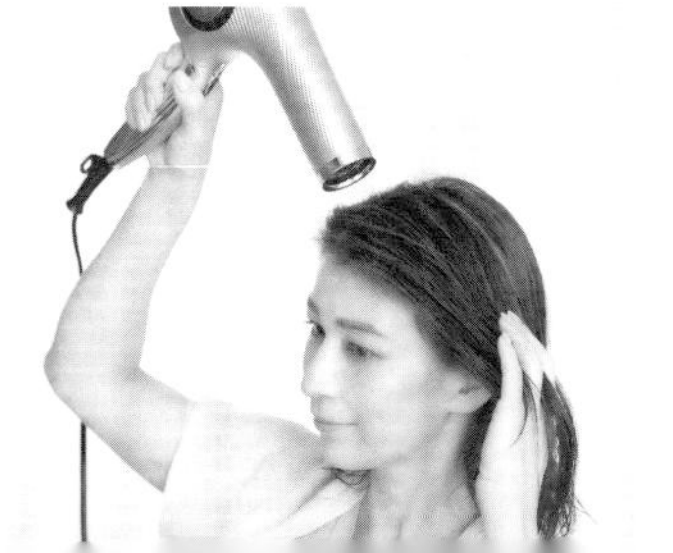

髪を乾かすときは常に根元→毛先に向かって、キューティクルのウロコを閉じるように乾かす

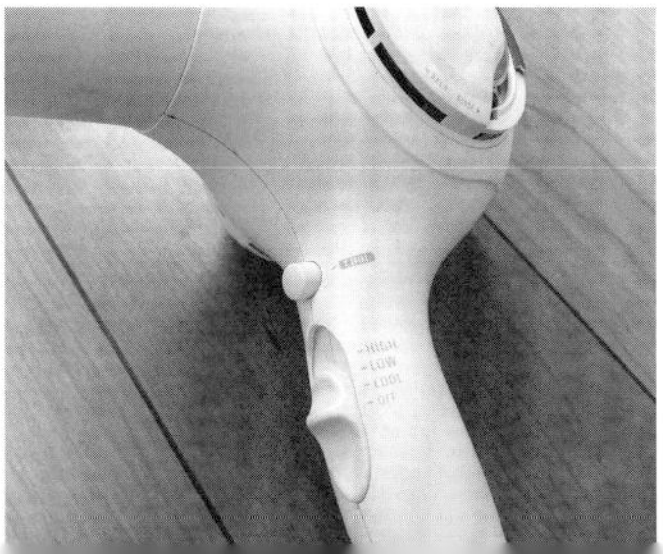

スライド式でもボタン式でも冷風に切り替えやすい仕様がおすすめです

Q 汗だく髪、どうにかしたい！

A 真夏は汗をかくのは避けられないので、少しでも快適になる方法を考えたいところ。まず、外出時に帽子の内側にミニタオルやハンカチを入れてからかぶると、汗の不快感がだいぶ減ります。

また、夏はお風呂上がりに洗面台で髪を乾かすと汗だくなんてことも。そういうときは、「クーラーが効いたリビングで乾かす」のがおすすめです。暑いからといって生乾きのまま寝ると、雑菌が繁殖してニオイのもとに。涼しい場所でしっかり乾かしましょう。冷風で乾かすのもアリ。

Q 直毛すぎて、髪が巻けない！

A 直毛の人は、しっかりクセをつけてあげる必要があります。

そのために大事なポイントは3つ。

①細めのアイロンで巻く。太めのアイロンだと、どうしてもゆるいカールになってしまうので、26～28㎜のアイロンがおすすめ。

ミニタオルなどを帽子の中に仕込んでからかぶれば、汗の不快感が減る！

②毛束を冷ます。最大のポイントは、アイロンで巻いた毛束をすぐに手放さず、そのまま毛束を持って冷ますこと。髪は温めると形が変わり、冷めるときにその変わった形を記憶するので、冷ますことでアイロンで巻いた形を覚えさせます。

③2つのスタイリング剤でキープする。巻き終わったら、硬めのワックスをカール部分になじませ、さらに、ハードスプレーでカールをキープして。

Q 自分に合ったスタイリング剤って？

A なりたい雰囲気に合わせて選びましょう。

たとえば、オイルはツヤ感や束感を出したいときに向きます。しっとり落ち着いた印象にしたいときにも。一方、髪にふんわり空気感を出したいときは、軽いスプレーなどがおすすめ。ワックスは形をキープしたいときに。

パーマスタイルの場合は、重いスタイリング剤を使うとカールがつぶれてしまうので、ムースなどの軽いものを使いましょう。

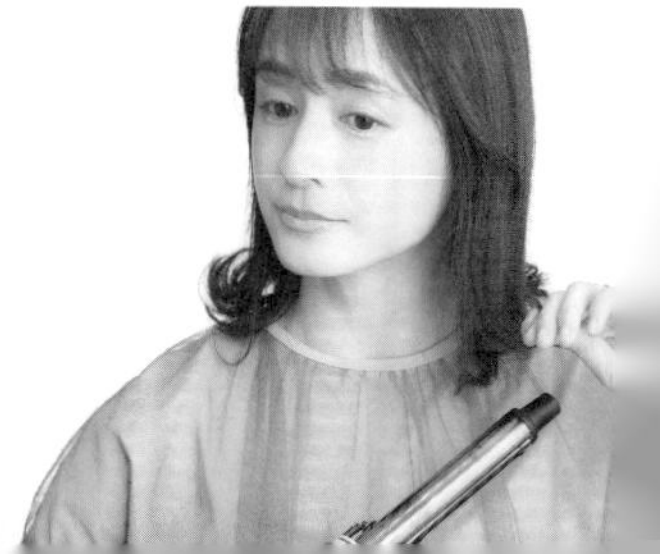

巻いたあとの毛束をそのまま指で持って、しばらく冷ますと形状が記憶されます

Q 小顔に見せたい！

A ヘアチェンジするときに、「命毛《いのげ》」をつくるのがおすすめです。初めて聞く人が多いと思うのですが、八木ちゃんが勤めるMINXで代々使われている言葉です。「命ほど大事な顔周りの毛」という意味で、「命毛」と呼び始めたのですが、それがだんだん美容師さんたちの間でも広まっています。具体的には、前髪の横部分、顔周りに落ちる毛のこと。この毛をリップラインくらいの長さにカットすることで、まとめ髪にしたときも、下ろしたときも、小顔効果が出ます。太さはだいたいいきしめん1本分くらいがバランスよく見えます。

　命毛には、シェーディング効果も。丸顔の人や、顔のたるみが気になる人にもおすすめ。また、気になる白髪を隠すこともできます。とくに髪をまとめたときの耳周りや、こめかみのあたりの生え際は、命毛でカバーできます。

命毛をつくるカット

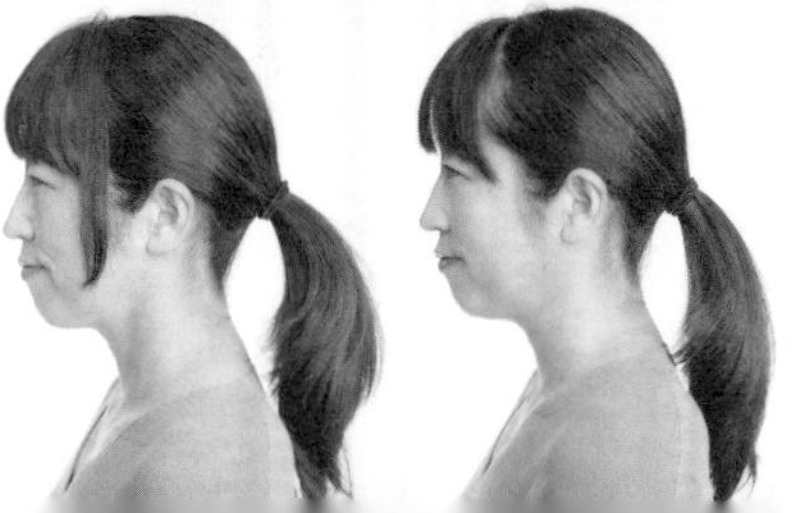

命毛をつくると、小顔に見えるだけではなく、地肌や生え際の白髪も隠せます

Q 髪をきれいに伸ばすには？

A いくつかポイントがあります。

①まずは、レイヤー（段）を入れすぎないこと。髪を軽くしすぎないこと。とくに大人女性の場合、表面の毛にツヤがないと、疲れた印象になりやすいので、レイヤーを入れすぎないのがコツです。

②「リタッチ」を上手に使うこと。白髪染めなど、1か月に1回程度カラーリングをしている人も多いと思いますが、毎回毛先までカラーリングすると髪への負担も大きくなります。伸びてきた根元だけを染める「リタッチ」メニューを上手に使うのがおすすめ。

③濡れた状態で髪を放置しないこと。大人の女性の中には、「ドライヤー＝髪が傷む」と思っている人も多いですが、むしろ、「髪が濡れている」状況の方が、髪は傷みやすいです。シャンプー後はしっかり乾かす習慣を。

④寝ているときの摩擦を減らすこと。シルクの枕カバーや、就寝用のシルクのハットもGOOD。

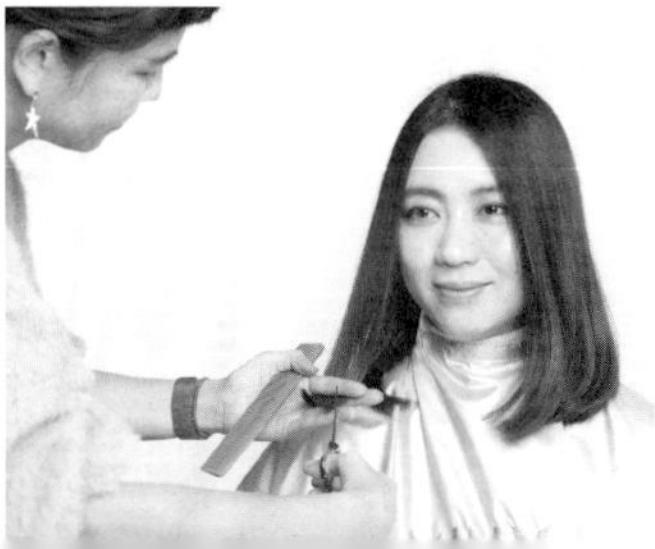

毛先をすかすかにしないのが、きれいに髪を伸ばすポイントです

通販サイトなどでも買えるシルクのハット。髪を摩擦から守ってくれる

Q 切った髪を寄付できるって本当？

A 「ヘアドネーション」と言い、医療用ウィッグなどに使われる髪の毛を寄付することができます。一般的には、31cm以上の髪を受けつけているところが多いのですが、最近は、帽子にえり足だけのウィッグや、研究材料などに使うために、15cm以上であれば受けつけてくれているところもあるようです。

　基本的にはヘアドネーション活動を行う団体に賛同している美容院でカットし、提供者自身で送付するのですが、ヘアドネーションの団体に直接賛同していない美容院でも、相談するとカットしてもらえるケースもあるようです。

　スタイリング剤がついているとドネーションできません。ですので、カットする日は、スタイリング剤をつけないで美容院に行きましょう。それから、提出するときは、100%乾いていないといけません。しっかり乾かしてから切ってもらうのがポイントです。送付方法については、ヘアドネーションを主催する団体のホームページで確認しましょう。

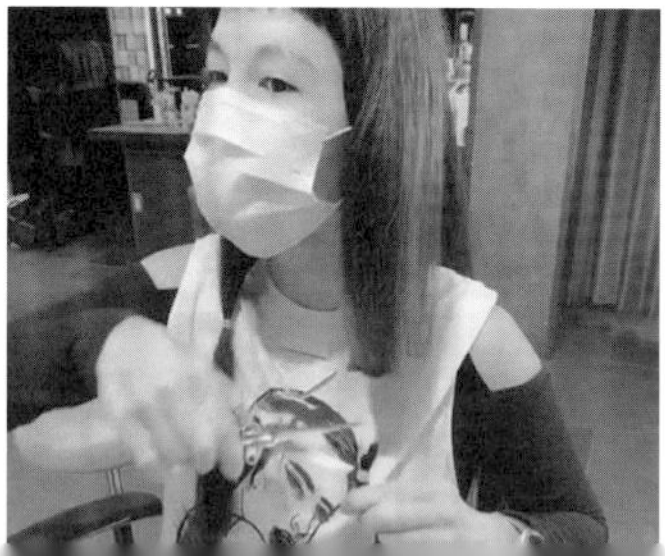

ドネーションカットをする八木ちゃん

送付するときはゴムで結んで送る。※詳しくは寄付する団体のホームページなどで確認を

Q ヘアカラーとマニキュア、ヘナの違いは？

A ヘアカラーとマニキュアは、そもそも薬剤の性質が違います。「普通のカラー」は、ファッションカラーも、白髪染め（グレイカラーとも呼ばれます）も、アルカリ性のカラー剤。髪は弱酸性なので、アルカリ性の薬液を使うことにより、髪の内部にまで色素を入れ込むことができます。

一方で、ヘアマニキュアは、酸性カラーとも呼ばれるように、酸性の薬液。ヘアマニキュアの色素は、毛髪の表面付近に付着するイメージです。髪にダメージを与えにくいというよさはあるけれど、内部にまで色素が浸透していないので、1か月から1か月半くらいで、色が落ちていきます。

また、普通のカラー（アルカリカラー）は、髪を明るくすることができますが、マニキュアにはできません。ですから、地毛の髪色よりも明るくしたり、ハイライトやメッシュを入れたいと思ったら、アルカリカラーで入れましょう。

それともうひとつ。アルカリカラーは、根元ギリギリまでカラーリングできるのですが、マニキュアは頭皮につくと頭皮が染まってしまうので、地肌につかないように根元を2～3㎜くらい外してカラーリングします。そのぶん、根元が伸びてくるのが気になるのが早いことも。

「ヘナ（ヘナカラー）」は、植物性なので髪が傷みにくいのですが、一度ヘナでカラーリングした髪はほかのカラー剤で明るくしたり色みを変えたりすることが非常に難しくなります。一度ヘナでカラーをし始めたら、ずっとヘナを使い続けることになりやすいのを知っておいて。

Q 旅行先に持って行くべきヘアアイテムは？

A 「強くおすすめしたいのは、普段使っているシャンプーを持っていくこと。旅先で髪が傷む原因は、シャンプーと水道水。なので、100円ショップなどに売っている小分けのボトルに、いつも使っているヘアケア用品を持ち込んで」。（八木ちゃん）

「数日程度なら、髪を洗わないという手も。とはいえ、何日もシャンプーしな

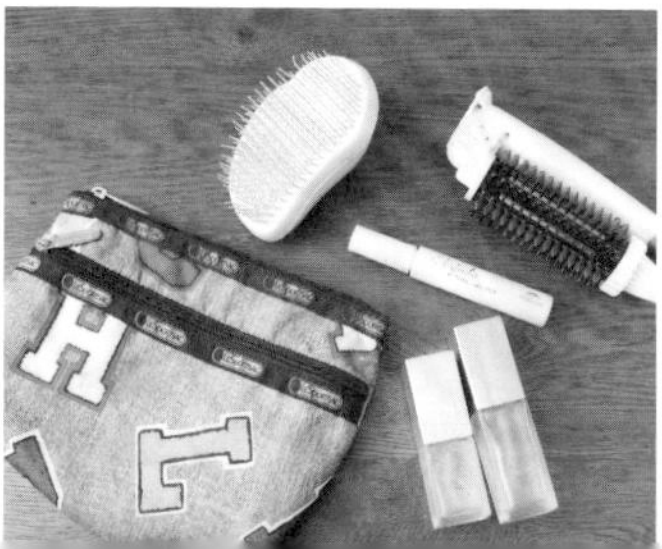

さとゆみの旅行用ポーチ。ロールブラシアイロンは折りたためるものを

八木ちゃんのの旅行用ポーチ。シャンプーは小分けのボトルに入れる

いというわけにはいかないので、国内なら美容院のサブスクを使ってシャンプー&ブローに行くという方法もあります。ヘアセットなら、髪を簡単に整えられるクレイツのロールブラシアイロン、アホ毛隠しのポイントケアマスカラ、毛先のからまりをとるタングルティーザーのブラシの３つさえあればＯＫ。ヘアフレグランスもあると、癒やされて気分もよくなりますよ」。（さとゆみ）

Q　前髪がぱっくり分かれます

A　前髪の生えグセは根元の方向性を直さない限り、直りません。まずは根元に水スプレーをして髪を濡らしたら、指で分かれてしまっている部分をなじませます。次に前髪を下に引っ張るようにしてまっすぐ伸ばします。そのあとに根元部分を左右に振りながら乾かすと、根元の生えグセがとれます。仕上げに前髪を指でまっすぐ下に引っ張りながら、ドライヤーの風をあてて。温風→冷風の順番であてると、前髪がまっすぐに伸びます。

前髪がぱっくり分かれてしまう根元の生えグセ

濡らした前髪をドライヤーで根元を振りながら乾かし、髪を引っ張りながら根元にドライヤーの温風→冷風を

Q 髪色が思いどおりになりません

A 髪の色の選び方、難しいですよね。避けた方がいいのは、毛束見本で選ぶこと。小さな毛束で見るのと、頭全体にカラーリングされたときの印象は全然違います。言ってみれば、カーテンの小さなはぎれのサンプルを見ても、部屋全体にかかったときの印象がイメージできないのと似ています。雑誌やインスタグラムなどの写真で相談するのもよいのですが、光の加減で色みがわかりにくいことも。そういうときは、実際の「人の頭」のカラーリングで確認するのをおすすめします。美容院のスタッフさんやお客さんの髪を見て「あの人よりも、明るい感じ」「あの人より少し赤みを出したい」といったオーダーをすると、ズレが少なくなります。

Q シャンプーは朝がいい？ 夜がいい？

A 頭皮の健康を考えると、できるだけ「朝シャンをしない」のがいいでしょう。朝シャンをすると、寝ている間に頭皮から出た自然な皮脂まではがしてしまうことになります。この皮脂は、頭皮を紫外線や乾燥から守る手助けをしてくれるもの。

毛束見本だけで選ぶと失敗しやすい

せっかく頭皮から分泌された「天然の保護オイル」を朝シャンで根こそぎ洗い流してしまうのは、もったいないのです。

また、頭皮に汚れがつまっている状態のまま寝ると、毛穴によくなく、枕に汚れもつきやすい。顔を洗わず寝るようなものです。清潔な毛穴から元気な髪の毛が生えるので、どちらか選ぶなら断然夜シャン。とはいえ、一日外出していない日や、髪も頭皮も汚れていないと思う日は、無理にシャンプーしなくても大丈夫。

Q 頭皮がかゆいんです

A 冬の乾燥する季節は、頭皮のかゆみを訴える人が少なくありません。ひどい場合は皮膚科で治療した方がよいですが、自宅でのケアで気をつけたいことがいくつかあります。いちばん大事なのは、熱いお湯でシャンプーしないこと。かゆみが出ると、「なるべく熱いお湯で殺菌しなくては」という意識が働くかもしれませんが、熱いお湯の刺激は、頭皮には逆効果。乾燥とかゆみのもとに。38℃くらいのぬるめのお湯で、あまり頭皮を刺激しないように髪を洗ってください。

おわりに

八木花子

この本をお手に取り最後まで読んでいただきましたこと、本当にありがとうございます。髪への意識や、関わり方を昨日より少しでもアップデートしていただけましたら、うれしいです。

『見られているのは正面の顔ではなく、髪』というディープインパクトな鉄則から始まりましたが、約四半世紀美容師として日々お客さまの髪に携わらせていただき、出た答えです。

たとえば、名前を知らない人を表現するとき、「あの金髪の人」とか「いつも髪をきれいに巻いている人」とか、メイクや洋服ではなく髪の印象で表現することはありませんか?

髪は洋服と違って着替えられません。なので、印象に残りやすく、変化するとわかりやすい。毎日会う家族や同僚でも、おとといどんな服を着ていたか覚えていることはほとんどありません。これは普通です。でも髪型がおとといと変わっていれば「あれ? 髪型変えた?」となるわけです。

逆に、髪型を変えたことに気づいてもらえないとガッカリしてしまいます。

また、髪への意識が「年齢によって変わる」ことも発見しました。

10代から20代前半の頃、髪はいわゆる「ファッションの一部」。ダメージや扱いやすさなどはさておき、なりたいイメージや自分の気持ちを優先することが多いはず。

そして社会に出ると、髪への意識はどう見られたいかという「身だしなみ」へと変わります。

その後30代は仕事や育児などに追われながら、とにかくもちがよくて扱いやすい手間のかからないヘアスタイルがよいと多くの女性が思います。バタバタと忙しい30代を終える頃、ふと鏡を見ると「アレ？　私白髪なんか今までなかったのに…」と気づき、今まで気に入っていた髪型や髪色がしっくりこない…という漠然とした悩みにぶつかります。洋服やメイクも同じで、今まで気に入っていた洋服が似合わなく感じたり、どの雑誌を参考にしていいのかわからなくなったり。思いあたることがある方も多いのではないでしょうか。

そして、40代以降は厄介なことに、髪は「悩みの種」に変化してしまいます。切っても抜いても出てくる白髪。湿気や汗でモワモワッと広がるクセ。地肌が透けてしまうのではと心配になるほどの抜け毛。ひとつに結ぶとしめ縄のように太くて豊かだった髪のボリュームはなくなり、顔周りにはアホ毛や疲れ毛が。そうしていつからかツヤは失われ、ザラザラとした手触りに…。

こうして悩みが年々増えることはあっても、減ることはないのが髪なのです。

それでも一生つき合っていかなければならない、見た目を左右するパートナーである「髪」。私が女性として、また美容師としてたくさんのお客さまと接して出た結論は、いつまでも髪とハッピーに関わっていくことで気持ちにゆとりができるということです。

髪はあなた自身です。髪を丁寧に扱うこと、きれいに保つことは美しさやゆとりにつながります。この本を最後まで読んだあなたはラッキーです。一日でも早く髪への意識が変わり美しさやゆとりが手に入れば、毎日がもっと輝き、今までに増して無敵になることは間違いないのですから。

たかが髪、されど髪。親友であり、戦友であり、パートナーである髪とのつき合い方、少しでも皆さまの参考にしていただければ幸いです。

最後に共著者であるさとゆみさん、並びにＥＳＳＥ編集部の山田佳代子さん、川上里穂さん、また撮影にご協力いただいたモデルの皆さまとＭＩＮＸスタッフに深く感謝いたします。

ショップリスト

MTG
0120-467-222

クレイツ
0120-33-9012

ナプラ
0120-189-720

タマリス
0120-364-361

ナンバースリー
0120-768003

マッシュビューティーラボ
03-5774-5565

ミルボン
0120-658-894

ルベル
0120-00-2831

ヘアライター 佐藤友美《さとゆみ》

1976年北海道知床半島生まれ。日本初のヘアライター。「美容師以上に髪の見せ方を知っている」とプロも認める存在。歯切れのいい解説で、テレビ、ラジオ番組などで活躍。著書にベストセラーとなった『女の運命は髪で変わる』（サンマーク出版）、『髪のこと、これで、ぜんぶ。』（かんき出版）などがある。

ヘアスタイリスト 八木花子（MINX）

1979年静岡県藤枝市生まれ。ヘアサロンMINXginza所属。「KAMI CHARISMA」受賞者。手入れが簡単で、個性を引き出すヘアスタイルが得意。悩める大人女性へのアドバイスが適切で、MINXの中でも絶大な人気を誇る。

女の年齢は髪で決まる

スタッフ

デザイン	押尾綾音
イラスト	冨田マリー
撮影	林 紘輝
ヘアディレクション	八木花子
構成・文	佐藤友美
協力	いちのせれい
校正	小出美由規
編集	川上里穂 山田佳代子

ご協力いただいたモデルの皆さま

Maki、赤堀幸子、井上美樹、塩澤梨詠子、横田美恵子、舘野孝子、岩居由里子、工藤はるみ、三輪沙弥香、市川琴美、勝木友香、松下佳代、杉山さつき、石田隆子、草柳ゆうき、荘司礼子、大西和子、長谷川夕希子、藤本良子、内藤亜弥、日比志保、平松亜紀、木庭弥生、友澤あみ、立川エリカ

発行日　2023年5月30日　初版第1刷発行

著者　佐藤友美《さとゆみ》・八木花子
発行者　小池英彦
発行所　株式会社 扶桑社
〒105-8070
東京都港区芝浦1-1-1　浜松町ビルディング
電話 03-6368-8873（編集）
03-6368-8891（郵便室）
www.fusosha.co.jp
印刷・製本　大日本印刷株式会社

定価はカバーに表示してあります。

ISBN978-4-594-09378-5

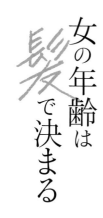